사랑하는 **딸**아 네가 밝고 건강하게만 자라준다면
이 아빠는 어떠한 시련과 고통도 **행복** 이란다

사랑하는 딸과의 대화

안만식 지음

사랑하는 딸아,
여기 적힌 모든 말은 너에게 들려주고픈 아빠의 마음이다.
때로 사랑이라는 이름으로 너에게 화를 내기도 하고
매를 들기도 했었지. 너는 아빠를 도무지 이해할 수 없는
어른으로 생각했을 것이다.
아빠는 언제나 자유를 꿈꾸는 너의 발을 묶었고
친구를 만나고자 하면 공부를 앞세워
너희들의 우정까지 의심했었구나.
아빠가 이루지 못한 꿈을 너에게 강요했음을 고백한다.
아빠와 너의 삶이 다르듯
꿈도 다르다는 사실을 아빠는 깨닫지 못했구나.

사랑하는 딸아,
네가 좀더 세상을 살면 알게 되겠지만 아빠가 세상을 살아오면서
읽고 느끼고 체험하고 그리고 후회하고 감사했던 사랑과 우정과
꿈과 이별과 자유에 대해서 너에게 들려주고 싶었구나.
그것은 순결한 너의 가슴에 상처를 입지 않기 바라는
아빠의 마음 때문이기도 하다.

아빠는 이 책에서 너의 아름다움과
지혜로움과 상냥함에 감탄하는 일은 말하지 않았다.
이제 너는 칭찬만이 좋은 것이 아니란 걸
알만큼 자랐기 때문이다.
아빠는 너를 사랑한단다.

사랑하는 딸과의 대화

차 례

사랑하는 딸과의 대화

차 례

제1부

사랑은 또 하나의 세상을 발견하는 열쇠

- 사랑에 관하여

사랑없이 살 수 있다는 사람
손들고 나와봐,
사랑은 받은만큼
다시 돌려주는 것이야
이자까지 붙여서,

사랑은 해야되기에 하는 것이고
할 수밖에 없기에 하는 것이야.

그래서 사람들은
사랑으로 인한 괴로움보다
사랑하지 못하는 괴로움으로
더 가슴 아파 하는거야.

사랑하는 딸과의 대화

사랑하는 딸아,

사랑은 오래 참고 사랑은 온유하며, 투기하는 자가 되지
아니하며, 사랑은 자랑하지 아니하며, 교만하지 아니하며, 무례히
행치 아니하며, 성내지 아니하며, 진리와 함께 기뻐하고,
모든 것을 참으며, 모든 것을 바라며,
모든 것을 견디는 것만이

사랑의 전부라고 나는 너에게 말하지 않겠다.
사랑은 무겁거나 아득하거나 화려한 것이 아니다.
사랑은 뺨에 와닿는 바람처럼 자연스럽게 느끼는 감정이며
언제나 만나는 반가운 얼굴이며 낮이면 밤이 기다려지고
밤이면 아침이 기다려지는 마음, 바로 삶 그 자체인 것이다.
사랑을 어려운 거라 생각해서 몸을 움추리거나
준비가 필요하다고 해서 시간을 기다리는 것은 어리석은 일이다.
사랑은 하나에다 하나를 더하면 둘이 되는 것이고
사랑은 그냥 읽기만 해도 가슴이 따뜻해지는 시 같은 것이다.
열심히 살고 있는 것만으로도 너는 많이 사랑하고 있는 것이다.

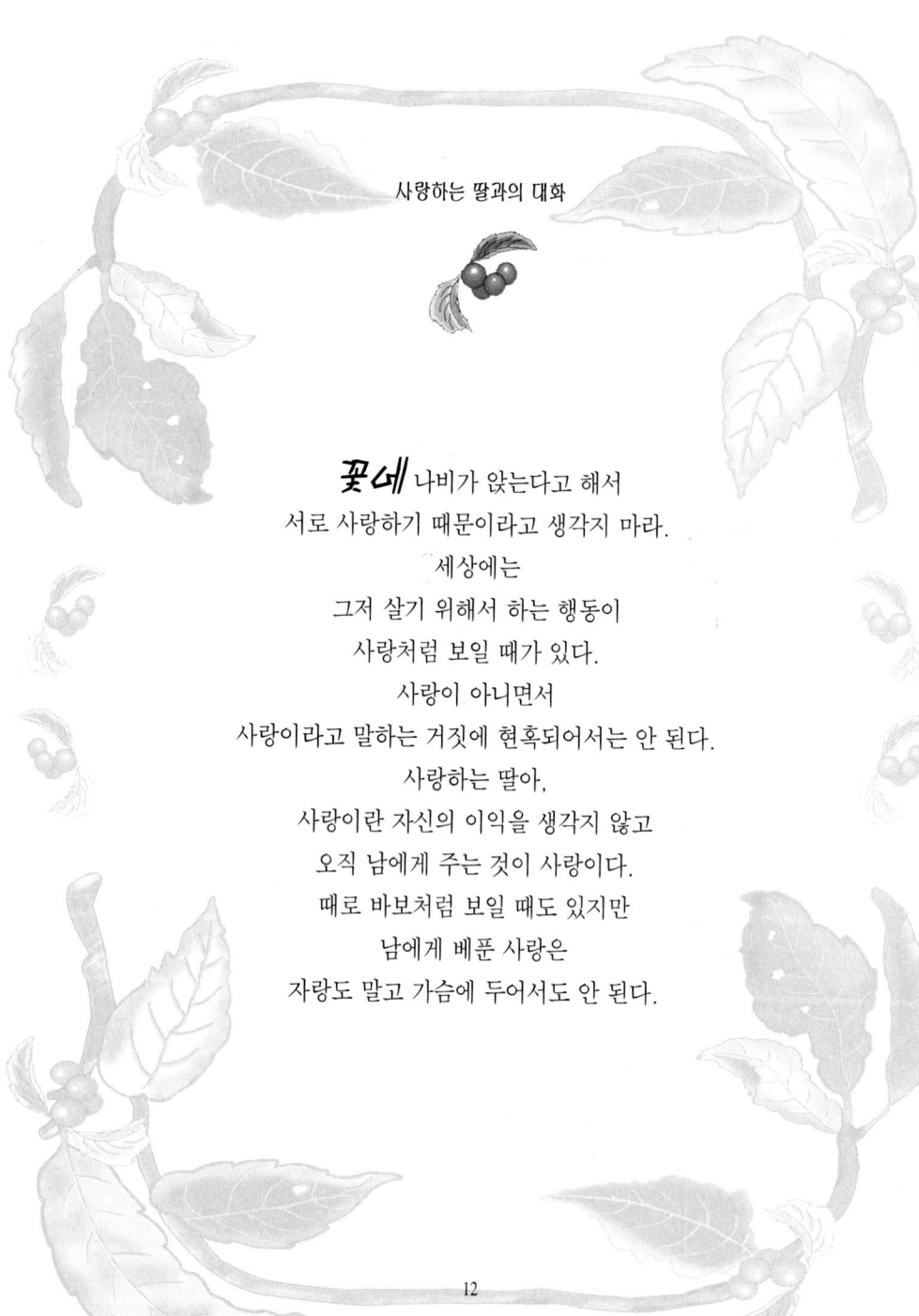

사랑하는 딸과의 대화

꽃에 나비가 앉는다고 해서
서로 사랑하기 때문이라고 생각지 마라.
세상에는
그저 살기 위해서 하는 행동이
사랑처럼 보일 때가 있다.
사랑이 아니면서
사랑이라고 말하는 거짓에 현혹되어서는 안 된다.
사랑하는 딸아,
사랑이란 자신의 이익을 생각지 않고
오직 남에게 주는 것이 사랑이다.
때로 바보처럼 보일 때도 있지만
남에게 베푼 사랑은
자랑도 말고 가슴에 두어서도 안 된다.

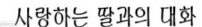

사랑하는 딸과의 대화

사랑하는 딸아
눈이 오는 날 좋아하는 사람이 그리워지는 것은
희디흰 순백의 영혼에다 사랑의 약속을
적어두고 싶은 마음 때문일 게다.
눈이 오면 그리움이 솟고
눈물 몇 방울 남기고 이내 스러질 만남,
그래서 보고픈 사람이 더욱 보고파지는 것일 게다.
눈송이 송이마다
그리움의 말 한마디 적어놓고
부끄러워 말 못하는
사랑하는 마음도 담아놓고
아! 눈이 오는 날은
기뻐 가슴 벅차 마구 달려가고 싶은 것일 게다.

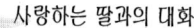
사랑하는 딸과의 대화

사랑하는 딸아
사랑이란 결코 감미로운 것이 아니다.
자기가 지닌 것을 지불하고 인생을 배우는 것이다.
사랑이란
때론 슬프고 고통스러운 것이기도 하다.
사랑을 통해서 세상을 알고
사랑을 경험하며 성장하는 것이다.
그러나 어떤 이들은
오직 기쁘고 아름다운 것으로만 생각해서
뜨겁게 시작했다가
그 상처로 인해
사랑은 할 것이 못된다고 말하기도 한단다.
그러나 사랑은
할 수밖에 없고 해야 하는 것이다.
사랑의 진실을 알고
사랑을 있는 그대로 받아들이는 사람에게
사랑은 많은 선물을 주기도 한단다.

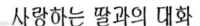
사랑하는 딸과의 대화

네가 나무처럼 키를 키우는 동안
네가 호수처럼 꿈을 채우는 동안
사랑은 한걸음씩 한걸음씩 가까워져
어느 날 문득 네 앞에 선다.
그렇다고 물러서거나 피하지 말아라.
이제 너는 사랑을 할만큼 성숙해졌기 때문이다.
사랑하는 딸아,
사랑을 알게 됨으로써 인생의 의미를
느낄 수 있고 참다운 삶이 무엇이라는 것도
어떻게 살아야 함도
사랑을 통해서 알 수 있게 되는 것이다.
삶이 도피가 아니듯 사랑도 역시 그러하다.
사랑은 때로 고통스럽기도 하지만
그것은 한 영혼을 아름답게 하는 일이다.

사랑하는 딸과의 대화

사랑하는 딸아,
사람들은 사랑을 이야기 하면서 목숨같은 사랑,
바다같은 사랑만을 사랑이라 하는구나.
크고 지독한 사랑만을 사랑의 모든 것인냥 말하는구나.
물론 그런 사랑이면 더 없이 좋고
사랑의 궁극적인 이름일 수 있다.
하지만 한순간 만남이 목숨이 되고
한방울 물이 바다가 됨을 잊어서는 안된다.
크고 강한 사랑을 찾기보다 먼저 네 가까이에서
작고 소중한 이름들을 사랑 하거라.

사랑은 멀리 있지 않고 사랑은 결코 화려한 것만이 아니다.
사랑을 너무 크거나 높은 것으로 마음에 두게되면
생의 끝에서 한 세상을 사랑없이 살았노라고
한탄 할 수 밖에 없게된다.

사랑하는 딸과의 대화

인생이란 여행길과도 같다.
이 여행길에서 좋은 동반자를 만나면
좋은 인생을 살 수 있을 것이고
좋지 못한 동반자를 만나면
좋지 못한 인생을 살게 되는 것이다.
서로 자기 길을 가되 피차간에
해로운 동반자가 되어서는 안 된다, 라고
어느 시인이 말했다.
좋은 동반자로 서로 돕는 인생을
함께 살아가는 것이 사랑이다.
여행처럼 끝없이 미지의 세계를 찾아가는 길이다.
혼자서는 갈 수 없는 길이다.
그래서 동행이 필요하다.
기쁜 마음으로 내일을 이야기하고
힘이 들 때 즐거이 손을 내어주는 동반자,
자신의 한 몸처럼 사랑할 수 있는 사람이라면
그 동반자는 더없이 좋은 동반자이다.

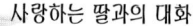

사랑하는 딸과의 대화

인간은 누구나 소망이 있기 때문에 고독한 것이다.
그리움이 있기 때문에 고독한 것이고,
사랑하고 싶은 누군가가 있기 때문에 고독한 것이다.
때로 너는 부모가 있어도, 형제가 있어도, 친구가 있어도
혼자인 것처럼 고독할 때가 있으리라.
그러나 고독하다고 마냥 슬퍼할 것이 아니라
혼자서는 고독하기 때문에
함께 살아야 하는 것이고
함께 살기 위해서는
무엇이 필요한 것인가
그 무엇이 바로 사랑이라는 것임을 배우기 바란다.

사랑하는 딸과의 대화

사랑한다는 것은 좋은 일이다.
그것은 사랑이 어려운 까닭이다.
사람이 사람을 사랑한다는 것,
이것은 어쩌면 우리에게 부과된 최고의 시련,
궁극의 것, 최후의 시험으로서, 그밖의 모든 일은
다만 그것을 위한 준비에 불과한 작업일 뿐이다.
릴케의 말이다.
사랑한다는 것은 각자에 있어서 하나의 세계를 확립하는 것,
다른 한 사람을 위해서
자기 자신이 한 세계가 되는 것이라고 할 수 있다.
어찌 사랑없는 삶을 생각할 수 있겠느냐?
동물적인 사랑이 아닌 삶의 의미를 확인할 수 있는 사랑,
보다 성숙된 자신으로 우뚝 서게 하는 사랑,
사랑하는 딸아,
사랑할 수 있는 것,
사랑해야 할 것들이 있다면 열심히 사랑하거라.
그것은 또 하나의 세상을 발견하는 열쇠다.

사랑하는 딸과의 대화

진실을 말하는 사람보다는 거짓을 말하는
사람의 표정과 목소리가 언제나 진지하다.
사랑도 이와 같다.
달콤한 말과 지나친 친절은
진실인가 한번쯤 생각해 볼 일이다.
사랑은 미소짓지 않아도 고백하지 않아도
자연스럽게 마음이 열리는
향기와 같은 것이기 때문이다.
화려한 유혹을 사랑이라고 믿는 사람들은
향기를 사랑하는 나비가 아니라
불빛을 향해 돌진하는 나방일 뿐이다.
여자가 거짓말은 잘 믿으면서
진실은 잘 믿지 않으려는 것은
허영 때문일 것이라고 말들 한다.

사랑하는 딸과의 대화

사랑을 하려고 하면 누구나 불안하기 마련이다.
그것은 우리가 사랑이라는 의미를 이성간에
느끼는 감정만을 생각하기 때문이다.
하지만 우리가 어릴 때부터 부모 형제를 사랑하는 일,
친구를 사랑하는 일, 꽃과 강아지를 사랑하는 일을
느끼고 배웠더라면 결코 이성간의 사랑도 다른 것이
아니란 걸 알게 되었을 터이다.
그런 가슴이 아닌 체로 누군가를 사귀고 연모한다면
당연히 두려움과 흥분에 흔들릴 수밖에 없다.
그렇다고 사랑을 피해가거나 거부할 수도 없지 않느냐.
마음을 감추거나 꾸미려 하지 말고
가슴이 열리거든 정성을 다해 너의 사랑을 보여주거라.

인간에게 가장 소중한 것은 무엇이냐?
사랑이다.
인간의 가장 소중한 기쁨은 무엇이냐?
사랑하는 일이다.
우리에게 가장 소중한 사람은 누구냐?
이 순간 우리가 만나고 있는 사람이다.
과거는 이미 지나간 시간이어서 인간에게
벗어난 것이며 미래는 아직 오지 않은
시간이므로 신의 영역에 속하는 것이다.
톨스토이의 말이다.
그렇다고 과거나 미래는 아무 의미가 없다는
말은 아닐 것이다.
사랑도 과거의 시간으로부터 현재로 그리고
미래의 시간에 닿아서야 비로소 확인할 수
있는 것이기 때문이다.
다만 현재가 중요하다는 것은 과거나 미래도
현재의 순간순간들로 이루어지고 남겨지기 때문이다.

사랑하는 딸과의 대화

사랑하는 딸아,
너와 함께 살아가고 있는 생명들을 진실로
사랑할 수 있다면 지나간 과거의 시간은 더욱
아름답고 다가올 미래의 시간도 희망적일 수 있다.
그래서 네가 이 순간 만나는 누구든 무엇이든
가장 소중한 것일 수밖에 없다.

사랑하는 딸과의 대화

저마다 울긋불긋 칠을 하고 어둠 얼마만큼
아무렇지 않게 가지고 있는 사람들,
너는 마음까지 회기 때문에 아름답다.
그러나 그 아름다움이 언제까지나 지속되어질 것인가.
진정한 여자의 아름다움이란 눈에 보여지는 것이
아니라 마음으로 느껴지는 것이어야 한다.
세월이 흘러도 변하지 않는 것은 내면의 아름다움이다.
그것은 사랑의 지속에 의해서 이루어진다.
모든 이름 있는 것들을 사랑해라.
사랑이야말로 모든 것을 아름답게 만드는 방법이다.
사랑이야말로
가슴 속에 어둠이 자리하지 못하는 수단임을,
가슴 속 어둠을 지우는 유일한 순수임을 느껴보아라
사랑이 가득한 사람은 눈빛부터가 맑다.
그래서 그 가슴은 더욱 순결하다.

사랑하는 딸과의 대화

어느 것이 진짜이고 어느 것이 가짜인지 알 수 없는 시대,
무엇이 소중하고 무엇이 소중하지 않은 것인지
알지 못하는 시대,
너를 지켜줄 수 있는 것은 오직 사랑 뿐이다.
사방을 둘러보아도 닫혀 있는 것뿐이다.
무엇보다 가슴 아픈 것은 사랑의 가슴이 닫혀 있다는 것이다.
사랑하는 딸아,
너는 열려 있어야 한다.
많은 것들이 가슴을 통해서 만들어지고
사랑을 통해서 이루어진다.
마음을 열어두면 때로 미움이나 분노가
함께 들어올 때도 있다.
그러나 그것들은 사랑 안에서는 살지 못하는 것들이다.
네 마음을 조금도 흔들지 못하고 돌아서는 것들로 인해
너는 한층 아름답게 성숙하리라.

사랑하는 딸과의 대화

사랑은 생각하는 것이 아니고 가꾸고 키우는 것도 아니고
연습을 통해 이루어지는 것도 아니다.
사랑은 양적인 것이 아니라 질적인 개념이다.
하나를 사랑할 줄 알게 되면
전체를 사랑할 줄 알게 된다.
사랑을 하게 되면 하나도 다수도 존재하지 않고
오직 사랑이 있을 따름이다. 크리슈나무르티가 한 이야기다.
사랑 속에는 어떤 이익이나 손해 같은 계산이 존재하지 않고
오직 헌신만이 존재한다. 사랑 속에는 과거나 미래 같은
시간이 존재하지 않고 오직 현재만이 존재한다.
사랑하는 딸아,
네가 친구를 사랑하는데 친구가 너를 사랑해주지 않는다고
마음 아파해서는 안 된다. 사랑은 준만큼 받으려해서도 안 되고
그렇다고 결코 너의 사랑이 줄어드는 것도 아니기 때문이다.
그럴 때는 다시 한 번 네가 생각하는 사랑이
옳은가 돌아보기 바란다.

사랑하는 딸과의 대화

사랑은 넘치지도 모자라지도 않아야 한다.
'아이들이 기죽을까 봐' 라는 핑계로 지하철 안이나 백화점 안을
운동장처럼 뛰어 다니는 아이들, 식당의자에 신발을 신고
올라가는 아이들을 야단치거나 가르치려하지 않는 엄마들
이 다음 사회생활을 할 만큼 컸을 때 예쁜 치장보다,
넘치는 사랑보다 질서와 남을 생각하는 마음을 가르치는 것이
참으로 중요한 것인데도 말이다.
사랑하는 딸아,
때로 사랑을 넘치게 주었다 생각될 때
조금은 절제할 줄도 알고
때로 사랑이 모자란다고 생각될 때
더 많이 베풀 줄도 알아야 한다.
사랑은 많을수록 좋지만 사랑을 줌으로써
그가 또 다른 이들을 사랑할 수 있는 사람이 되도록 해야 한다.
사랑을 주는 사람이나 받는 사람이 생각해야 할 것은
사랑 때문에 과격해지거나
사랑 때문에 나약해지는 일을 경계하는 일이다.

사랑하는 딸과의 대화

사랑하는 딸아,

네가 아직 젊었을 대 인생을 이해하기 시작하지 못한다면,

너는 내적으로 아름답게 성장하지 못해서

비록 돈이 있고, 값비싼 차를 타고, 지위가 높더라도

내적으로는 값싼 인생을 살 수밖에 없다.

사랑한다는 것이 무엇인지를 스스로 발견하지 못한다면

가슴 아픈 일이 아니겠느냐.

나이를 먹어감에 따라 사람들이 사랑이라고 일컫는 것은

소유물이나 사고 파는 물건들일 뿐이다.

사랑은 어느 누구의 소유물이거나

홍정의 대상이 될 수 없다.

사랑이란 우리가 숨쉬는 공기처럼 그저 얻는 것이지만

돈으로 살 수 없이 비싸고 꼭 필요한 그런 것이다.

사랑은 저마다의 가슴 속에 자리한 그릇만큼

크게 혹은 작게 담겨진다.

사랑은 주어도 주어도 어느 새 가득 차 있는 것이다.

사랑하는 딸과의 대화

사랑하는 딸아,
크리슈나무르티의 글 중에 참 좋은 말이 있어 여기에 적는다.
참된 사랑이란 인위적으로 만들어 낼 수가 없다.
너는 그것을 느껴야만 한다.
어렸을 때 방을 정돈하는 일을 돕는다거나
자기 손으로 심은 나무를 가꾸거나
병든 친구를 문병하러 찾아가는 염려의 마음,
너로 하여금 적으나마 네가 가지고 있는 것이라면
무엇이라도 누구하고 나누고 싶은 마음을 가지게 만드는
참된 너그러움 같은 오묘한 감정을 키우는 일은
아주 중요하다. 만일 젊었을 때 네가 이런 사랑과 너그러움과
친절함과 부드러움 같은 감정을 지니고 있지 못하다면
나이가 들어서 그 감정을 터득하기란 아주 어려울 것이다.
만일 네가 심어놓은 나무와 길 잃은 동물을 사랑하게 된다면
너는 성장하는 사이에 작은 방 안에 그냥 남아 있지 않고
그 방을 나와 삶 전체를 사랑하게 될 것이다.

사랑, 아름다운 말이다.
첫사랑, 가슴 설레는 황홀한 말이다.
누구의 가슴 속에나 한 송이의 꽃으로 남은 이름임에 틀림없다.
아무런 말없이 걸어도 서로의 감정의 파고를 잴 수 있고
맞잡은 손만으로도 가슴의 온기를 느낄 수 있고
어쩌다 마주친 눈빛으로도 대화를 주고 받을 수 있는
그런 것이 사랑이다.
사랑은 바람같이 물같이 아지랑이같이
자연스럽게 떠오르는 가슴의 설레임이다.
사랑은 만들거나 흥정해서는 안된다.
그렇게 되면 결국
사랑이라는 말에 얽매이고
사랑이라는 약속에 갇히고
사랑이라는 아름다운 말을
부끄럽게 하고 말 것이다.

사랑하는 딸과의 대화

사랑의 정의는 남을 위한 사랑과 더불어
자신에 대한 사랑을 포함하고 있다.
그래서 자신을 사랑하지 못하면 남을 사랑할 수도 없다.
참된 사랑이란 자신이 어떤 사람을 위해서
한 발자국 더 나아가야 한다는 사실을 의미한다.
스캇 펙 박사의 글중에 나오는 말이다.
자신의 가장 소중한 것을 기꺼이 내어놓은 마음이
아니고서는 남을 사랑할 수 없다.
그러나 많은 사람들은 자신의 것을 먼저 가지고 난 후
남는 것으로 남을 사랑하려 한다.
또 더러는 사랑을 동정으로 생각하는 사람도 있다.
사랑이란 상대를 아래에 두는 마음으로는
결코 사랑한다라고 말할 수 없다.
자신을 낮추고 상대를 높이는 마음만이
진실로 남을 사랑하고 자신을 사랑하는 사람이라고
말할 수 있다.

사랑하는 딸과의 대화

세상에서 제일 중요한 것이 무엇이라고 생각하느냐는
질문에 과테말라의 가난한 가구공인 레히니네씨는
망설임없이 이렇게 대답했다.
'내 아내와 내 아이들이지요. 별로 차린 것은 없지만
온가족이 같은 식탁에 앉아 웃으면서 식사하는 것,
그리고 한지붕 밑에서 평화롭게 잠드는 것이지요'
사랑하는 딸아,
이 평범하지만 아름다운 대답에 가슴이 찡해져
눈물이 날 것만 같은 것은 왜일까.
아마 그것은 가난해도 사랑이 가득하기 때문일 것이다.
행복이란 물질에 있는 것이 아니다.
그러나 세상 사람들은 물질이 행복의 열쇠인양
더 많은 부를 위해 숨차게 시간을 쫓는구나.
물질 때문에 가족과 이웃들과의 소중한 믿음을 잃기보다
조금은 부족해도 서로 위하고 나누며 희망을 잃지 않고
사는 것이 진실로 삶을 사랑하는 일이 아니겠느냐.

사랑하는 딸과의 대화

사랑을 기분좋게 만나는 것이라하고
결혼을 기분좋게 묶이는 것이라고 한다.

사랑하기 때문에 결혼해야 한다는 결론은
다시한번 생각해볼 필요가 있다.
남녀간의 사랑에서 상대를 아니 서로를 진실되게
사랑한다면 자연스럽게 결혼으로 이어질 수도 있는
일이기는 하다.
그러나 사랑에는 감정이 많이 좌우하지만
결혼에는 현실이 많이 좌우한다는 차이가 있다.
결혼에는 책임이 따른다.
신뢰와 책임이 없는 결혼은 진실한 사랑이라 할 수
없기 때문이다.
사랑하는 일은 네 스스로 결정할 수 있지만 결혼하는 일은
서로를 귀하게 여기는 마음과 미래에 대한 꿈과 어려움을
함께 이길 수 있는 마음과 너를 이만큼 크게 하고 사랑한 가족과
친구들도 한번쯤 생각해서 결정해야할 일이다.

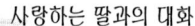

사랑하는 딸과의 대화

사랑하는 딸아.

사랑은 받은만큼 다시 돌려주어야 한다.

이제 사랑을 알만큼 자랐으면 스스로 사랑을 가득 꽃피워

꽃 한송이씩 나누어 줄 일이다.

꽃 하나가 꽃을 피우고 또 꽃을 피워서

세상 가득 꽃밭이기를 갈망해야 한다.

길을 나서 보면 사람들은 저마다 오락을 하고

술을 마시고, 선물을 사고 하하 호호 즐거워 하지만

눈빛이나 가슴은 많이 쓸쓸하고 많이 외로워 보이는 구나.

지하도 걸인 앞에 놓인 빈 깡통

추운 날씨에 허공을 맴도는 자선남비의 종소리

그리고 그 앞을 웅크린 채 총총히 길을 가는 사람들,

더 많은 사랑이 필요한 세상이다.

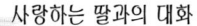

사랑하는 딸과의 대화

사랑하는 딸아,
사랑에 관해서 아빠가 너무 많은
말을 하고 있는 것이 아닌지 모르겠다.
사랑은 말로 하는 것이 아니라
마음을 다해 행동으로 보여주는 것이라는데……
어느 시인의 '사랑' 이라는 시를 옮겨 보았다.
눈으로 읽고 가슴에 담아두거라.

산은 왜 저렇게 높은가
강을 굽어보기 위해서지,

구름은 왜 저렇게 떠도는가
꽃의 마음을 몰라서 그러지,

사랑은 왜 이렇게 괴로운가
괴로움만 남기고
다 주어 버렸기 때문이지.

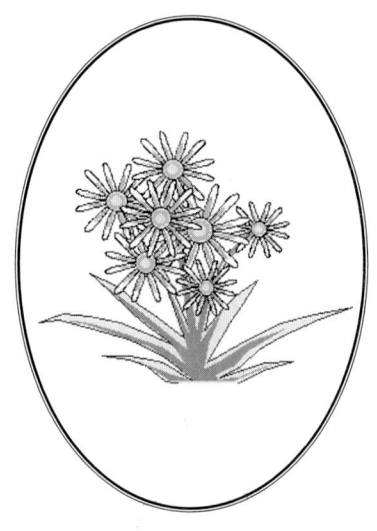

사랑은 하나에다 하나를 더하면 둘이 되는 것이고
사랑은 그냥 읽기만 해도 가슴이 따뜻해지는 시 같은 것이다.
열심히 살고 있는 것만으로도 너는 많이 사랑하고 있는 것이다.

- 본문중에서

사랑이란 우리가 숨쉬는 공기처럼 그저 얻는 것이지만
돈으로 살 수 없이 비싸고 꼭 필요한 그런 것이다.
사랑은 저마다의 가슴 속에 자리한 그릇만큼
크게 혹은 작게 담겨진다.
사랑은 주어도 주어도 어느 새 가득 차 있는 것이다.

- 본문중에서

제2부

영원히 변치 않는 보석

- 우정에 관하여

우정이란
연인들의 사랑처럼
때론 뜨겁기도 하고
식기도 하는 것이 아니라
부모님의 사랑처럼
한결같은 것이지.

누군가
인생을 살아가는데 있어
참된 친구 세 명만 있다면
부러울 것이 없다고 했는데
너는 몇 명의 친구를 가졌니?
우정이란
기다리는 것이 아니라
네가 먼저 다가가는 것이지.

사랑하는 딸과의 대화

수정이란 친구에게 네가 다가가는 것이 먼저이지만
친구가 너를 좋아할 수 있도록 하는 것도 중요하다.
'꽃이 꿀을 품고 있으면 소리쳐 부르지 않더라도
벌 나비들이 저절로 찾아오게 마련이다.'
네 마음 속에 향기나 꿀 같은 사랑이 가득하지 않으면
네가 친구에게 한 걸음 다가서도
친구는 두 걸음 멀어질 수 있기 때문이다.
참된 우정이란 자신과 상대를 가까이 묶는 향기와
상대의 마음을 기쁘고 유익하게 해주는
꿀이 있기 때문일 것이다.
사랑하는 딸아,
진실로 네가 좋아하는 친구를 만나기 위해서는
너는 나비가 되어야하고 꽃이 되어야 한다.

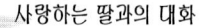

사랑하는 딸과의 대화

친구는 자신의 인격을 비추는 거울과 같다.
쉽게 뜨거워지지 않고
쉽게 식지 않는 우정이야말로
진정한 우정이란다.
자기보다 못한 사람을 경멸해서는 안되지만
자기보다 우수한 사람들과 교제하도록
노력해야 자신이 발전한단다.
진정한 친구란
칭찬만을 하지 않는단다.
결점까지 칭찬하는 사람은 진정한 친구가 아니다.
명심보감 '정기' 편에
'나를 착하다 말하는 사람은 나를 해하는 자요
나를 나쁘다 말하는 사람은 나의 스승이다.' 라는 말이 있다.

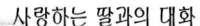

사랑하는 딸과의 대화

누가 너를 비난한다면
그 비난에 귀를 기울여야 한다.
비난을 듣고 자신의 잘못을 고친다면
너는 한 사람의 스승을 얻는 셈이 된다.
그러나 지금 너는
충고를 듣기 좋아하지 않는구나.
어른들의 말이나 부모의 말을
세대차이라고 일축해 버리는구나.
듣기 좋은 말에나 유혹의 말에는
귀를 기울이고 몸과 마음을 던진다.
사랑하는 딸아,
몸에 좋은 약이 입에 쓰듯이
삶에 유익한 말이 때로 마음을 상하게도 한다.
네가 아직은 몸과 마음이 성숙하지 않은 만큼
지금은 귀를 열고 가슴을 열어
비난과 충고를 기쁘게 받아들여야 할 시간이다.

사랑하는 딸아,

친구를 사귐에 있어 대화란 참으로 중요하다.

친구란 상대가 있다는 것이고 대화를 통해서 상대에게 서로의

마음을 전해야 하기 때문이다. 대화를 할 때 되도록 자신의

이야기는 삼가하는 것이 좋다.

잘못하면 자기자랑이 되기 쉽기 때문이다.

상대의 이야기를 들어주는 마음,

그것이 상대로 하여금 너를 좋아하게 하는 일이다.

학교에서 친구를 사귈 때 대다수 마음 맞는 친구와 끼리끼리

사귀게 된다. 마음 맞는 친구가 있다는 것은 싫어하는 친구가

있다는 뜻이기도 하다. 그럴 때 친구를 흉보거나 미워하게 된다.

진실로 친구를 사귐은 그런 마음이 아니다.

친구란 어려움을 도와주고 모자람을 채워주는

그런 사이가 되는 것이다.

편견없는 진실된 마음으로 친구를 높이는 마음이어야 한다.

친구를 사귐에 있어 실패하는 이유는 자존심 때문에

남을 칭찬하는데 인색하기 때문이다.

사랑하는 딸과의 대화

좋은 친구를 가진다는 것은
너의 인생에 값진 재산이 될 수 있다.
좋은 친구를 만난다는 것은
한 사람의 훌륭한 스승을 만나는 일이기도 하다.
재물이나 지위는 때론 변하기도 하지만
우정은 오래도록 변치 않는 것이다.
그래서 더 많은 부를 위해 땀 흘리기보다
더 높은 지위를 얻기 위해 남을 딛고 오르기보다
좋은 친구를 얻기 위해
너는 노력해야 하리라.
그것이 너의 삶을 가치있고 풍요롭게 하기 때문이다.
사랑하는 딸아,
좋은 친구를 사귀기 위해서는
네가 먼저 그의 친구가 되어주어야 한다.
그리고 언제나 감사할 줄 아는 마음이
진정한 우정을 지속시킨다는 것을 잊지 말아라.

사랑하는 딸과의 대화

사랑하는 딸아,
너는 어떤 일로 마음 아파하는 친구를 본일이 있니?
너는 어떤 어려움으로 풀이 죽어있는 친구를 만난
일이 있니?
친구의 아픔을 나눠가지는 마음
자신의 기쁨을 나눠주는 마음,
그것이 우정을 아름답게 하는 일이다.
삶을 유익하게 하는 일이다.
누구에게나 아픔은 있는 것
누구나 그 아픔을 씻어줄 친구가 필요한 것.
아픔을 경험해보지 않은 자는 다른 사람의 아픔을
알지 못한다고 한다.
너 자신의 마음으로 상대를 살피기보다 상대의 마음이 되어
그를 이해하거라.
친구를 위하는 고운 마음은 너의 가슴에 예쁘고 건강한
꽃 한 송이 피게하고 너로 하여금 꽃 가득한 세상을
가꾸는 사람이 되게 하리라.

사랑하는 딸과의 대화

노자의 도덕경에 이런 말이 있다.
'남을 아는 사람은 슬기로운 자이지만 자신을 아는 사람은
더욱 슬기로운 자이다. 남을 이기는 사람은 힘이 있는 자이지만
자신을 이기는 사람은 더욱 강한 자이다.'

우리가 학교에서 배우는 공부나
삶에서 배우는 것들은
지식을 넓히는 일이기도 하지만
자신을 바로 알고 자신을 이기는 배움이기도 하다.
사람들은 학교에서 공부하는 일이
남과의 경쟁에서 이기기 위한 것으로만
생각들을 하고 있다.
그러나 자기 자신을 먼저 이기지 않고는
진정한 승리자가 아닐 뿐더러
언젠가는 스스로 제 운명에
발이 걸려 넘어지고 만다.

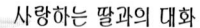

사랑하는 딸과의 대화

사랑하는 딸아,
친구를 네가 먼저 사랑하면
친구도 너에게 마음을 열고
너의 말에 귀를 기울이게 된다.
친구를 미워하면
친구도 너를 미워하게 된다.
인간은 물론 동물도
자기를 좋아하는 사람을 좋아하게 마련이다.
그러나 좋지 않은 것을 보고도 좋다고 말하는 것은
자신을 속이는 일이며
친구를 나쁘게 하는 일이다.
친구의 기쁨을 진심으로 축하해주고
좋은 친구라 생각되거든
마음을 다해 사랑해주거라.

사랑하는 딸과의 대화

한 학생이 아인슈타인에게 질문했다.
'선생님 상대성 원리에 대해서 설명해주십시오' 라고
아인슈타인이 그 학생에게 말했다.
'상대성 원리란 어려운 말이 아니다.
어떤 두 사람이 있다고 하자, 어떤 사람은
3분을 함께 있어도 3년처럼 길게 느껴지는 사람이
있는 반면 또 어떤 사람은 3년을 함께 있어도 3분처럼
짧게 느껴지는 사람이 있다.
그것이 상대성 원리다.'
사랑하는 딸아,
우정도 이와 같다.
오래도록 함께 있어도 헤어지기 섭섭하고 서로에게
유익함을 주는 친구가 좋은 친구이다.
우정이란 언제나 샘솟듯 싱그러운 만남이다.
우정이란 영원히 변치 않는 보석과 같은 것이다.

사랑하는 딸과의 대화

우정이란 친구가 있음으로 의미가 있다.
그러나 친구가 있다고해서 다 우정이란 말을 쓸 수
있는 것이 아니며 어떤 친구냐에 따라 우정의 뜻도 달리 쓰인다.
어려움을 함께하고 꿈을 이야기하고 서로에게
한 사람의 스승이 될 수 있는 친구라면
우정이란 말을 쓸 수 있다.
그러나 우정이니 의리니하며 친구를 잘못된 길로
유혹하거나 방관하는 친구는 우정이란 말을 쓸 수 없다.
우정이란 말 속에는 친구를 사랑하는 마음, 친구가
잘되기를 바라는 마음이 포함되어 있기 때문이다.
한 겨울 홀로 밤을 지샐때 곁에 있었으면 하고 생각나는 친구,
꽃향기 가득한 봄날에 함께 들로 산으로
소풍을 떠나고 싶은 친구,
네가 많이 보고싶고 생각하면 마음이 따뜻해지는 친구라면
그 우정은 믿어도 좋으리라.

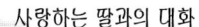

사랑하는 딸과의 대화

진정으로 고독한 사람만이 벗을 가질 수 있다.
밤하늘의 빛나는 별과 대화를 나눌 수 있음도,
달빛에 젖은 나무 잎사귀와 속삭일 수 있음도,
조용한 밤에 자신과 얘기할 수 있음도,
고독이 너의 입을 열게 하고 너의 귀를 듣게 하고
너의 눈을 열어 주었기 때문이다.
사랑하는 딸아,
혼자 있어서 고독한 것이 아니다.
눈을 들어보면 하나같이 너와 이야기를 나누고
싶어하는구나.
너가 사랑의 말 한마디 던지면 환하게 웃으며
달려와 대답할 것이다.

사랑하는 딸과의 대화

*진정*한 우정을 경험하지 못한 사람은
결코 행복한 사람이라 할 수 없다.
인간의 고독은 원초적이기도 하지만
제한된 인간 관계와 우정의 부족에서
오는 것이기 때문이기도 하다.
친구를 사귄다는 것은
마치 재물을 저축하는 것처럼 정성이 필요하다.
우정을 말하는 다음과 같은 고사를 보아서도
우정은 어떠해야 하는가를 알 수 있다.
'우정이란 한 친구가 죽고 한 친구가 살았을 때
그 우정의 깊이를 알 수 있다. 우정이란 한
친구가 가난하고 한 친구가 부자가 되었을 때
우정의 진실을 알 수 있다. 우정이란 한 친구의
신분이 높고 한 친구의 신분이 낮았을 때 비로소
우정의 진위를 알 수 있다.'
우정은 진실함으로 맺어져야 하며
시간과 환경에도 변함이 없어야 한다.

사랑하는 딸과의 대화

이성간의 우정은 존재할 수 있느냐라는 물음에
누구는 우정을 애정으로 변하게 되는 과도기적
감정일 뿐이라고 말하고 또 누구는 서로
인격체로 존중하면 영원한 친구가 가능하다고 말한다.
그러나 생각해보면
끝까지 우정이 우정으로 남는다거나
우정이 애정으로 변한다거나 그런 것은 그다지
중요한 것이 아니다.
어떤 것이든 진실할 수 있느냐가 중요하기 때문이다.
처음부터 어떻게 될 것을 두려워하거나
어떻게 될 것이라고 마음을 정하는 일은 옳지 않다.
마음을 다하고 그 결과를 기쁘게 받아들일 수 있는
사람이야말로 진실로 우정과 사랑을 누릴
자격이 있는 사람이다.
네가 인생을 살아가는 데 있어
우정은 함께 가는 것으로 좋고
사랑은 하나 되어서 좋은 것이다.

사랑하는 딸과의 대화

자신이 만나는 사람을 닮아가는 것이 인간이다.
부부도 오래 함께 살면 입맛, 성격, 얼굴 모습까지
닮는다는 말이 있다.
좋은 친구를 만나면 삶은 더욱 성장할 수 있고
나쁜 친구를 만나면 삶은 더욱 퇴보하게 된다.
그래서 오래도록 변치 않고 가슴 열어 함께 할 수 있는
좋은 친구가 필요한 것이다.
사랑하는 딸아,
친구를 사귈 때 집이 부자고 공부를 잘하고 얼굴이
예쁜 친구를 사귀고 싶어하는 마음이 누구에게나 있다.
그러나 그런 친구보다는 눈이 맑고 잘 웃고
마음이 따뜻한 친구를 사귀는 것이 좋다.
그리고 특히 너와 취미가 같은 친구를 사귀는 것은
더욱 좋은 일이다.
그런 친구를 사귈 때 너도 친구의 좋은 마음을 닮을 수 있고
같이 좋아하는 취미로 함께 발전하며 오래도록
변함없는 우정을 지속시킬 수 있다.

사랑하는 딸과의 대화

홀로 세상 길을 가는데
의지할 수 있는 사람이 있다는 것은
얼마나 다행한 일이냐.
가도가도 끝이 없는 길
발에 채이는 돌뿌리
흙먼지 풀석이며 일고
어느 새 뉘엿뉘엿 석양이구나.
친구야,
저녁 연기 피어오르는
저기 주막에 들러
목을 축이고
지친 발걸음을 쉬자꾸나.
네가 없다면 내가 없다면
우리 이 멀고 험한 길을
어찌 걸을 수 있을 것이냐.
네가 있어서 내가 있어서
그래도 남은 길을 기쁘게 갈 수 있구나.

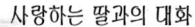

사랑하는 딸과의 대화

친구가 너를 찾아오면
반갑게 문을 열어 맞고
친구가 먼길을 떠난다면
기꺼이 동행이 되어주거라.
서로 부축하고 서로 격려하며
삶의 소중함에 대해서 이야기 나누노라면
어둡고 먼 길도 기쁘게 닿을 수 있으리라.
사랑하는 딸아,
우리가 살아가는 삶의 길도 혼자 걸어간다면
슬프고 외롭고 두려운 길일 수밖에 없다.
지치고 힘든 여행길에서는
꽃과 나비도 큰 위안이 되지 못한다.
부모 형제도 큰 힘이 되지 못한다.
함께 걷는 동행의 친구만이
때로 경쟁하며 때로 충고하며
함께 높은 산도 깊은 바다도
능히 오르고 건널 수 있으리라.

사랑하는 딸과의 대화

친구가 멀리 있어도 함께 있는 듯 하다면
그것은 참으로 깊은 우정이라 할 수 있다.
우리는 멀리 있어도 전화로
안부를 묻고 대화를 나눌 수는 있다.
그러나 우정이 깊지 못한 사이라면
한동안 혼란스러움과 공허만 남을 뿐이다.
내가 지금 어떤 일을 하는데
친구가 곁에 있다면 무슨 말을 해줄까.
내가 지금 괴로운 일이 있는데
친구가 곁에 있다면 어떻게 위로를 해줄까.
곁에 있어도 늘 생각나는 친구라면
너는 좋은 친구를 가졌다 할 수 있다.
멀리 있는 친구도 생각하면 가슴이 따뜻해지는데
지금 네 곁에 친구가 있다면
너는 얼마나 행복한 사람이냐.

사랑하는 딸과의 대화

너도 읽었는지 모르겠다.

친구를 대신해 잡혀 있으면서 죽음의 순간까지
친구가 돌아올 것이라는 믿음을 가졌던 한 친구와,
친구가 자기 대신 죽음을 당하지 않게 하기 위해 어려움을
무릅쓰고 돌아온 한 친구의 이야기,
두 사람의 우정에 감동하여 왕도 죄를 용서했다는 이야기말이다.
이 이야기처럼 친구를 위해 죽음을 대신할 수 있는
우정은 아니더라도 친구의 어려움을 함께 할 수 있는
우정이어야 한다.
사랑하는 딸아,
우리는 친구의 기쁨은 즐겁게 축하해 주지만
친구의 슬픔을 위로하는데는 주저하곤 한다.
친구의 불행을 덜어주기 위해 자신의 행복을 나눠주는 마음,
그런 마음이 가장 숭고하고 아름다운 우정이라 할 수 있다.
우정이란 상대가 변하기를 바라기에 앞서
네가 먼저 변화되는 것이다.

사랑하는 딸과의 대화

친구와 함께 여행을 떠나거라
다리가 아프고 허기가 질 때면
너는 우정이 왜 필요한 것인가를
알게 될 것이다.
길 위에서 어둠을 맞는다면 너는 진실로
너 혼자가 아닌 한 사람의 친구가
필요하다는 것을 깨닫게 될 것이다.
친구에게 줄 수 있는 최선의 것은 무엇보다
그의 친구가 되어주는 것이다.
우정이란 친구에게 네가 필요한 것처럼
너에게도 친구가 필요한 것이다.
우정이란 누구 한 사람을 위한 것이 아니라
함께 세상을 살아가는 데 필요한 일이기 때문이다.
나무를 가꾸듯 우정을 가꾸어야 한다.
형제나 가까운 친척도 자주 만나지 못하면 남처럼 되듯이
두터운 우정도 잦은 손길 끝에서 만들어진다.

사랑하는 딸과의 대화

친구란 어떤 사이이고 어떻게 해야 하는가
그것에 대해 신중히 생각하거라.
너의 미래에 많은 영향을 미칠 수 있다.
그리고 역시 상대방에게 영향을 주고 있음을 기억해라.
네가 만나는 사람은 너로 인해 흔들리거나 깊어진다.
그리고 너 자신도 상대로 인해 변화되고 높아진다.
친구의 마음 속에 깃든 최상의 것을 발견하도록 노력해라.
친구의 결점을 보려고 하지 않고 장점을 보려고 하는
마음이 바로 너 자신의 사랑을 키우는 일이기도 하다.
누구에게나 장점과 단점이 있게 마련이다.
상대의 장점을 통해서 너를 키우고
상대의 단점을 통해서 너를 반성해라.
우정이란 친구를 딛고 네가 높아지는 것이 아니라
너 자신을 딛고 친구를 높아지게 하는 것이다.
그것이 둘이 함께 높아지는 일이기도 하다.

사랑하는 딸과의 대화

친구는 기쁨을 두 배로 만들고
슬픔을 반으로 줄인다. 실러의 말이다.
친구의 기쁨을 자신의 기쁨처럼 기뻐해 주는 일은
기쁨을 더 크게 하는 일이고
친구의 슬픔을 자신의 슬픔처럼 슬퍼해 주는 일은
슬픔을 더 적게 하는 일이라는 뜻이다.
그래서 아무리 어려운 시간일 때라도
사는 일은 힘이 덜 들게 되고 그만큼 세상은 살만한 것이다.
사랑하는 딸아,
사람들은 기쁨이 자신에만 있기를 원하고
슬픔은 남에게만 있기를 바라는구나.
그래서 절이며 교회를 찾아 소원이 이루어지길 빌고
복을 많이 달라고 기도를 하는구나.
세상은 더 아프고 더 슬퍼지기만 하는데
어째서 사랑은 더 작아지기만 하는지 모르겠구나.

오래도록 함께 있어도 헤어지기 섭섭하고
서로에게 유익함을 주는 친구가 좋은 친구이다.
우정이란 언제나 샘솟듯 싱그러운 만남이다.
우정이란 영원히 변치 않는 보석과 같은 것이다.
- 본문중에서

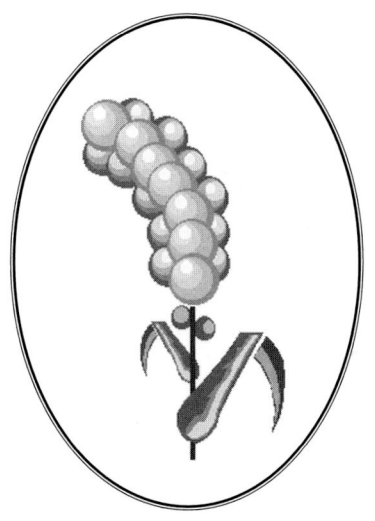

우정이란 친구를 딛고 네가 높아지는 것이 아니라
너 자신을 딛고 친구를 높아지게 하는 것이다.
그것이 둘이 함께 높아지는 일이기도 하다.

- 본문중에서

제3부

네가 있음으로 세상은 아름다운 것이다.
— 꿈에 관하여

생명있는 것들에는
언제나 꿈이 있지,
새처럼 날개치며
훨훨 날아가고 싶어,
물처럼 흘러가며
철철 노래하고 싶어,
화살처럼 날아가서
머리 쿵 박고 싶어,

꿈은 끝이 아니라
언제나 새로운 시작이지.

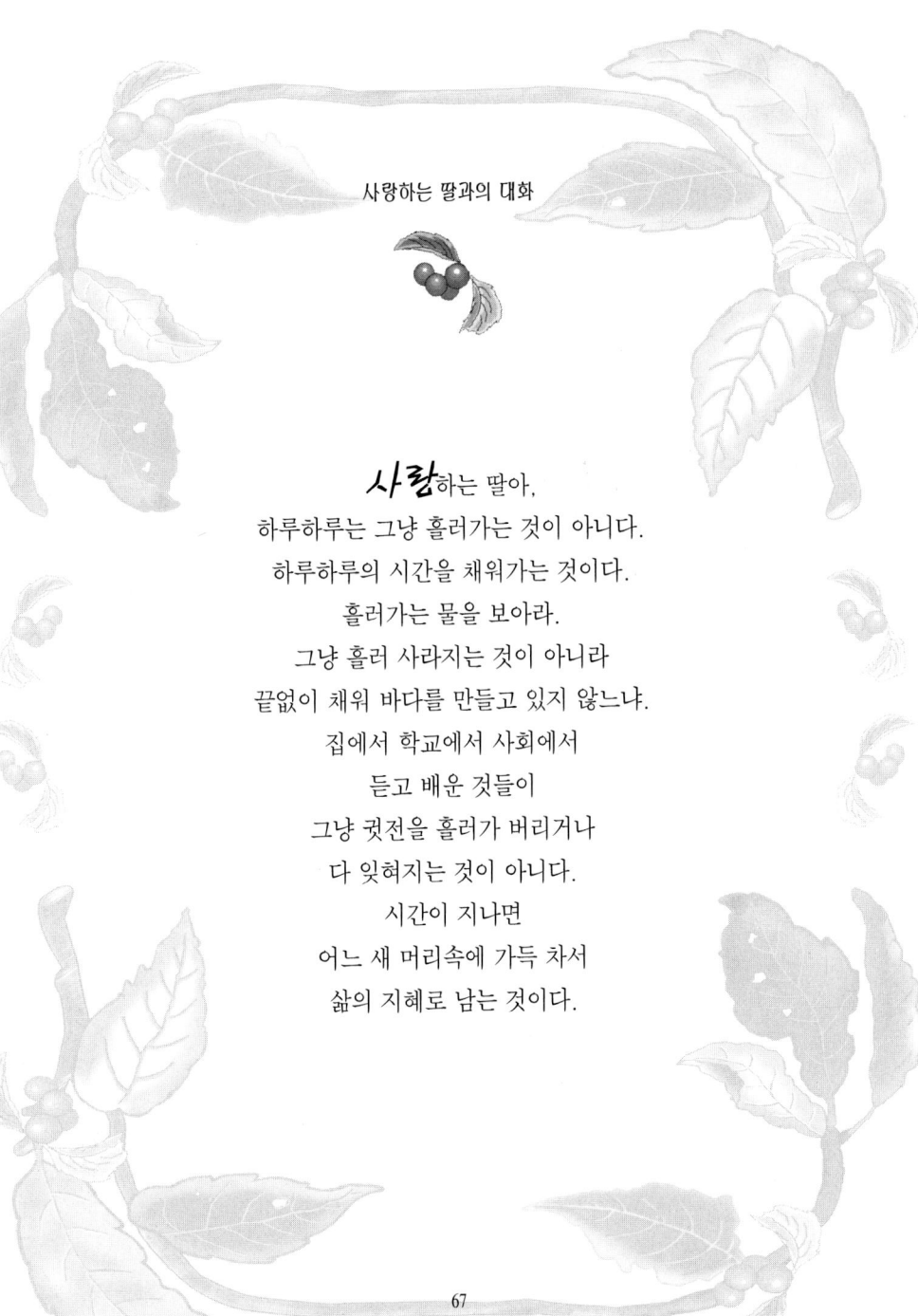

사랑하는 딸과의 대화

사랑하는 딸아,
하루하루는 그냥 흘러가는 것이 아니다.
하루하루의 시간을 채워가는 것이다.
흘러가는 물을 보아라.
그냥 흘러 사라지는 것이 아니라
끝없이 채워 바다를 만들고 있지 않느냐.
집에서 학교에서 사회에서
듣고 배운 것들이
그냥 귓전을 흘러가 버리거나
다 잊혀지는 것이 아니다.
시간이 지나면
어느 새 머리속에 가득 차서
삶의 지혜로 남는 것이다.

사랑하는 딸과의 대화

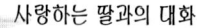의 귀중함과 그 사용방법을
진실로 알고 있는 사람은 적단다.
누구나 입으로는 시간은 귀중하다고 말들을 한다.
하지만 귀중한 만큼
시간을 귀중하게 쓰는 사람은 드물단다.
지금 시간을 허비하면 일생동안 큰 후회가 남는다.
젊었을 때 노력하지 않으면
나이가 들었을 때 매력없는 사람이 되어 버린단다.
사랑하는 딸아,
꿈이란 살아가면서
자신을 아름답게 가꾸지만
그 기쁨이나 평가는
인생의 황혼에서 보게 된다.
서두르지도 게으르지도 마라.
순간순간이 전체의 부분임을 잊어서는 안 된다.

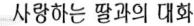

사랑하는 딸과의 대화

도대체 무슨 엄청난 꿈이 있어
그렇게 무거운 가방을 들고 학교에 다니는 것이냐.
꿈이란 너에게 날개를 달아주는 것이지
짐을 지워주는 것은 아닐텐데 말이다.
어른들은 너희들에게
날아라 높이 날아라
꿈을 가져라 말하면서
날지 못하게 무거운 짐을 지우는 심술은 또 무엇이냐.
어른의 한 사람인 아빠도 부끄럽구나.
아마 그것은 꿈을 갖지 못한 시대를 산
어른들의 '한' 때문일 것이다.
사랑하는 딸아,
기억해라, 꿈이 무엇인가를,
꿈은 어떻게 만들어지는 것인가를,
네가 어른이 되고 그때 자라는 아이들은
진정한 꿈을 갖고 살게 될 것을.

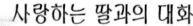

사랑하는 딸과의 대화

꿈은 가르쳐준다.
너 자신이 그렇게 되길 바라는 한
그것을 이룰 수 있는 힘을 갖고 있다는 것을,
네가 그것을 원하기 때문에 그것을 이룰 것임을,
네가 꿈을 꾸고 있는 한
네 꿈은 자란다.
꿈은 청춘과 장년과 노년의 시간과 함께
흘러가면서 높아지거나 낮아진다.
누구나 꿈을 갖고 있고
그 꿈의 크기나 모양도 각기다르다.
그러나 꿈을 이루었나 이루지 못했냐는
꿈을 위해 얼마나 많은 시간을 투자했느냐에 달려 있다.
꿈이 나무라면 꿈을 이루는 것은
꽃을 피우고 열매를 맺는 일이다.

사랑하는 딸과의 대화

누구나 처음 세상의 바다로 나갈 때면 두려울 수밖에 없다.
처음 경험하는 항해이기 때문이다.
그동안 듣고 배웠던 폭풍우와 높은 파도와 기관고장과
침몰할지 모른다는 두려움이 너의 발을 더욱 무겁게 할 것이다.
그렇다고 항해를 포기할 수 없다.
너는 이미 바닷가에 서 있고
배는 붕붕 고동을 울리고 있을 테니까.
네가 만일 돌아서 버린다면 너는 결코 삶을 이겨내지 못하고
온실 속의 나약한 식물처럼 살 수밖에 없다.
네가 아무리 담장을 높이고 문을 닫아 걸어도
세상은 끊임없이 너를 찾아와 문을 두드리고
서둘러 배를 타라고 소리칠 것이다.
사랑하는 딸아,
문을 닫아걸기보다 문을 활짝 열고 세상 속으로 성큼 나가거라.
세상 속에다 너 자신을 우뚝 세울 때
분명 너는 두려움이나 슬픔보다 사랑이나 기쁨이
더 크고 많다는 것을 알게 될 것이다.

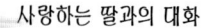

사랑하는 딸과의 대화

하늘을 나는 새의 날개짓은 아름답다.
열심히 날개짓 하지 않으면 추락하고 말지.
누가 어떻게 보든
누가 뭐라고 말하든
저 홀로 열심히 하늘을 나는
새는 아름답다.
사랑하는 딸아,
꿈을 꾸고 꿈을 이루는 일은 그냥 하늘을 바라보는
일이 아니다.
하늘을 나는 새의 날개짓을 볼일이다.
하얀 구름이 만드는 그림을 볼일이다.
바람과 손 잡는 만남들을 기억할 일이다.
그리고 네가 만들 세상을 향하여
열심히 너의 길을 가는 일이다.

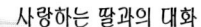

사랑하는 딸과의 대화

시련은 우리에게 고통을 주지만
그 고통의 크기만큼 우리에게 기쁨을 준다.
너는 나무처럼
비와 햇볕과 같은 축복을 받기도 하지만
폭풍우와 눈보라 같은 시련이
너를 쓰러뜨리기도 하고
꺾어지게도 할 것이다.
그러나 너는 그 시련을 이김으로써
더 꿋꿋하게 자라날 수 있을 것이다.
산을 보아라.
많은 나무들 중에서 우뚝 솟은 나무가 있을 것이다.
숱한 상처를 딛고 일어선 그 나무는 분명
더 높이 더 멀리 세상을 보게 될 것이다.

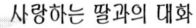

ㄱ 어딘가에는 샘물이 솟고 있기 때문에
사막이 아름답다고 생텍쥐베리가 말했다.
언제쯤인가 꿈이 이루어질 날이 있기 때문에
너의 시간은 아름답다.
사랑하는 딸아,
누군가 참 멋있다고 느껴지는 사람
누군가 너무 훌륭하다고 생각되는 사람,
나도 누구처럼 되겠다는 결심만으로는 꿈을 이루지 못한다.
네가 부러워하는 그 사람들도 너만큼 나이를 먹었을 때
꿈을 이루기 위해서 열심히 노력을 했다.
꿈이란 간직하는 것만으로는 꿈이라 할 수 없다.
열심히 갈고 닦아 보석처럼 빛나야 꿈이라 할 수 있다.
노력하지 않고 이루어지는 꿈이란 없다.
너의 지금 시간을 보람되게 후회없이 보내노라면
어느 날 문득 너는 멋있는 사람, 훌륭한 사람으로
남들이 꿈꾸는 자리에 서 있게 될 것이다.

사랑하는 딸과의 대화

'*1분*을 웃는 자는 10분을 울게 된다' 라는
말이 있다.
이 말은 웃지 말고 살라는 뜻은 아니다.
노는 시간도 지혜롭게 놀면서
자기를 발전시켜야 한다는 뜻이란다.
너무 즐거움에 빠져서
슬픔을 키우는 잘못을 경계하는 말이다.
노는 것은 대단히 좋은 일이다.
자신의 놀이를 찾아내어 맘껏 즐겨라.
그러나 잘못된 즐김은 돌이킬 수 없는 후회와
상처를 남기게 된다는 것을 잊지 말아라.
남의 흉내를 내는 것은 좋지 않다.
스스로에게 무엇이 즐거움인가 물어보고
그 즐거움이 건강과 지혜와 꿈을 위한 것인가
다시 한 번 생각해보기 바란다.
지혜가 없는 놀이는 쾌락만을 쫓고
품위가 없는 놀이는 몸을 망칠 뿐이다.

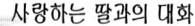

사랑하는 딸과의 대화

사랑하는 딸아,
지혜로운 자와 어리석은 자의 차이는
책을 읽느냐 읽지 않느냐에 있다고 한다.
그러나 너에게 책을 읽어라
책을 많이 읽어야 지혜로워진다 라고
말할 수가 없구나.
네 어깨 위에 지워진 공부라는 짐이 너무 무거운데
책을 읽으라는 것은 고통을 더하는 일일 뿐일 텐데,
지금 시대엔 고전을 읽고 시 한편 읊기보다는
영어단어 하나를 더 외우고 수학공식 하나 더 외우는 것이
현명한 일이 되어 버렸구나.
너희들은 영원히 지혜로울 수 없다는 말이냐.
지혜롭기보다 계산적이고
영악해지는 너희들을 보는 일이 마음이 아프구나.
너희들을 그렇게 만드는 그 무엇이 밉구나.

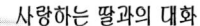

사랑하는 딸과의 대화

인생에 있어 기회가 찾아와도
그것을 놓친 다음에 슬픔을 느끼게 된다.
그것은 마음의 준비가 없었기 때문이다.
기회란 손님과 같아서
문을 열어두고 맞을 준비를 하지 않으면
떠나 버리고 만단다.
사랑하는 딸아,
너는 너의 꿈을 위해서 어떤 준비를 하고 있니?
장차 무엇을 하겠다,
무엇이 되겠다는 꿈은
기회를 놓치지 않는 사람의 것이다.
그러나 노력하지 않고 기회만 기다리는 것은
요행만을 바라는 좋지 못한 생각이다.
노력으로 얻는 기회만이
진정한 기쁨을 준단다.

사랑하는 딸과의 대화

미국 최고의 골퍼중에 한 사람인 톰 레먼은
한때의 좌절을 딛고 일어서 승리한 후 이렇게 말했다.
'자신감은 자신감을 키우고, 성공은 성공을 키운다.
내가 자신감을 갖기 시작했을 때 만사는 빠르게 형통했다.'
사람은 누구나 꿈을 갖고 있다.
대다수 사람들은 나이가 들면서 꿈이 작아지거나
꿈을 포기하게 된다.
그러나 자신이 처음 정한 꿈을 성취한 사람도 있다.
우리는 그런 사람을 성공한 사람이라고 부른다.
모두가 꿈을 갖고 있었으면서 누구는 꿈을 이루고
누구는 꿈을 이루지 못하는 것은 무엇 때문일까?
그것은 자신감 때문이라고 말할 수 있을 것이다.
자신감을 잃게 되면 꿈을 포기할 수밖에 없거나 절망하게 된다.
그러나 가슴에 자신감을 간직하고 있다면 언젠가 꿈을
이루게 되는 것은 당연한 일이다.
젊은이들에게 꿈이 없다면 꿈을 이루겠다는 자신감이 없다면
그 삶은 시든 풀잎과 다를 바 없다.

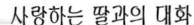

사랑하는 딸과의 대화

넘어지면 누가 일으켜주던 때는 이제 다시 오지 않는다.
너의 어린시절은 지난 이야기가 되었다.
이제 쉽게 넘어지지 않을 만큼 자랐고
이제 넘어지면 스스로 일어설 수밖에 없다.
네가 이만큼 자란 것은
꿈이 너를 키운 것이다.
사랑은 아래를 보는 것이지만
꿈은 위를 보며 사는 것이다.
높이 더 높이 바라보며
네가 가지고 싶은
네가 가고 싶은
네가 만들고 싶은
세상을 향해 나아가거라.
사랑하는 딸아,
'내가 잠들기 전에 더 가야 할 길이 있다.'
라고 로버트 프루스트는 노래했다.

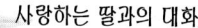

사랑하는 딸과의 대화

땀 흘리며 산을 오르는 사람들은 정상에서
무엇을 가지고 오겠다고 열심이 아니다.
산을 내려오는 사람들의 배낭은 오히려
가볍고 비어 있다.
우리가 삶에서 정상을 오르는 일도 그와 같아서
무엇을 얻겠다기보다 높이 올라 더 멀리
보겠다는 마음이어야 한다.
정상의 음악가는 청중에게 더 좋은 음악을
들려주고자 노력한다.
정상의 운동선수는 관중들에게 더 많은
승리감을 주고자 노력한다.
정상에 오르는 일은 나 자신이 아닌 남을 위해서
사는 삶이어야 한다.
그런 삶이야말로 성공적인 삶이라 할 수 있다.

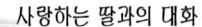

사랑하는 딸과의 대화

사랑하는 딸아,
삶을 살아가는데 있어 자신의 길을 가야 한다.
다른 사람의 길을 따라 걷고 있는 것은 아닌지,
스스로 길을 결정할 때
정말로 자신의 생각인지 아닌지를
다시 한 번 생각해 보기 바란다.
결과에 대한 평가는 남을 위한 것이 아니라
자기 자신에게 돌아오기 때문이다.
자신의 올바른 판단을 위해서는
세상을 넓게 보는 안목을 길러야 한다.
그러기 위해서는 독서와 경험을 통해야만 한다.
그러나 풍부한 독서와 경험이 있다 해도
자신의 판단이 옳다고 쉽게 단정해서는 안 된다.
그것은 아집이나 오만으로 흐를 수 있다.
지식은 풍부하게 결정은 신중하게 해야 한다.

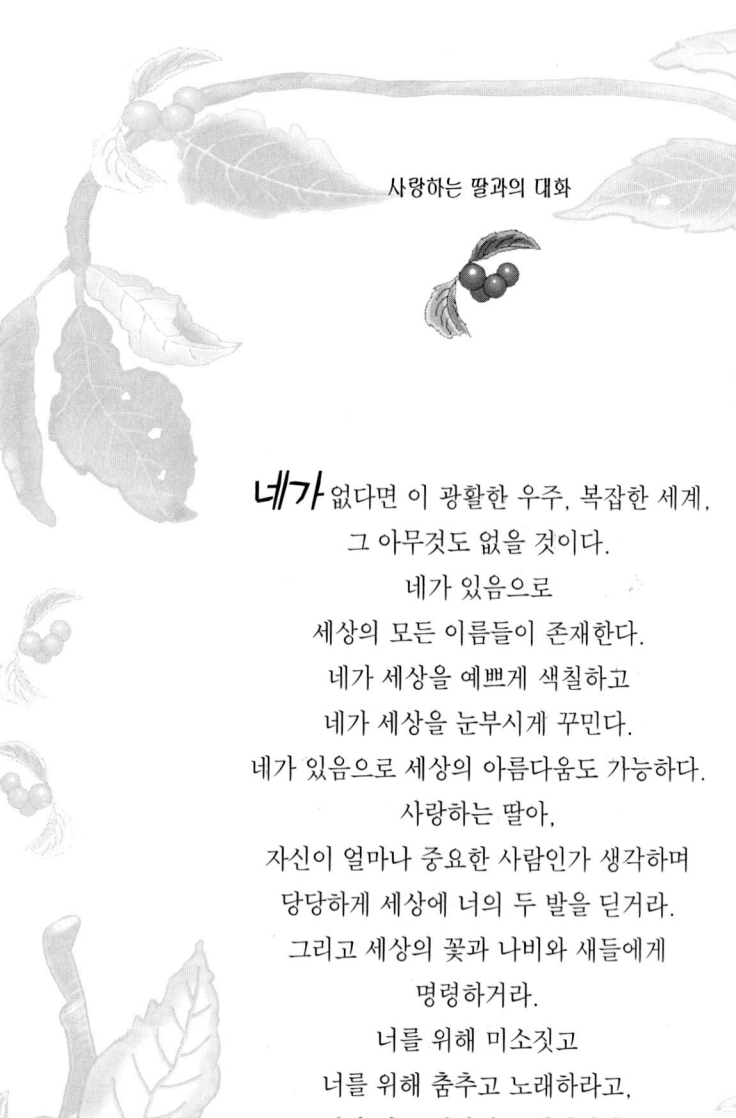

사랑하는 딸과의 대화

네가 없다면 이 광활한 우주, 복잡한 세계,
그 아무것도 없을 것이다.
네가 있음으로
세상의 모든 이름들이 존재한다.
네가 세상을 예쁘게 색칠하고
네가 세상을 눈부시게 꾸민다.
네가 있음으로 세상의 아름다움도 가능하다.
사랑하는 딸아,
자신이 얼마나 중요한 사람인가 생각하며
당당하게 세상에 너의 두 발을 딛거라.
그리고 세상의 꽃과 나비와 새들에게
명령하거라.
너를 위해 미소짓고
너를 위해 춤추고 노래하라고,
네가 바로 세상의 주인이니까.

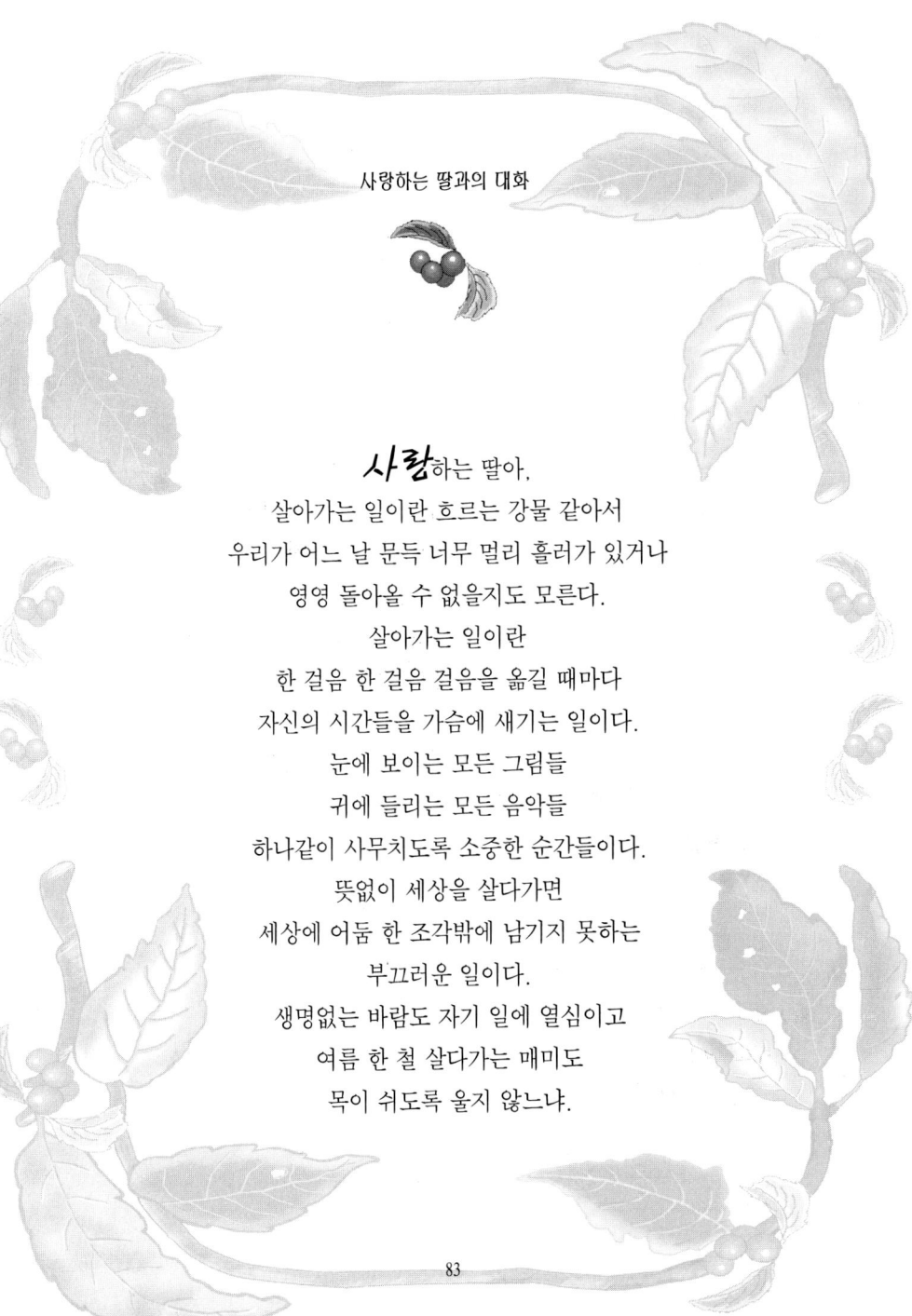

사랑하는 딸과의 대화

사랑하는 딸아,
살아가는 일이란 흐르는 강물 같아서
우리가 어느 날 문득 너무 멀리 흘러가 있거나
영영 돌아올 수 없을지도 모른다.
살아가는 일이란
한 걸음 한 걸음 걸음을 옮길 때마다
자신의 시간들을 가슴에 새기는 일이다.
눈에 보이는 모든 그림들
귀에 들리는 모든 음악들
하나같이 사무치도록 소중한 순간들이다.
뜻없이 세상을 살다가면
세상에 어둠 한 조각밖에 남기지 못하는
부끄러운 일이다.
생명없는 바람도 자기 일에 열심이고
여름 한 철 살다가는 매미도
목이 쉬도록 울지 않느냐.

83

사랑하는 딸과의 대화

*세상*에는 사실 성공보다 실패가 많다.
하지만 실패가 사람을 '크게' 하는 것만은 분명하다.
삶이라는 길 위에서 한번도 돌부리에 차이지 않는다면
오히려 이상한 일이 아닐까.
돌부리에 차이지 않은 다리는 결코 튼튼할 수 없을 것이다.
강은교 시인의 글에 나오는 말이다.

누구나 그것을 알면서 돌부리를 피해서 실패없이
삶의 길을 가고싶어 하는구나.
돌부리에 차이면 발이 아프고 피가나고 어쩌면
발톱이 빠질지도 모른다.
삶의 길에서 돌부리에 차이지 않고도 튼튼한 다리가 되고
실패없는 성공만 있다면 얼마나 좋겠느냐.
그러나 그것을 피할 수 없는 일이라면 필히 극복하는 삶과
좌절하는 삶을 기억해야할 일이다.

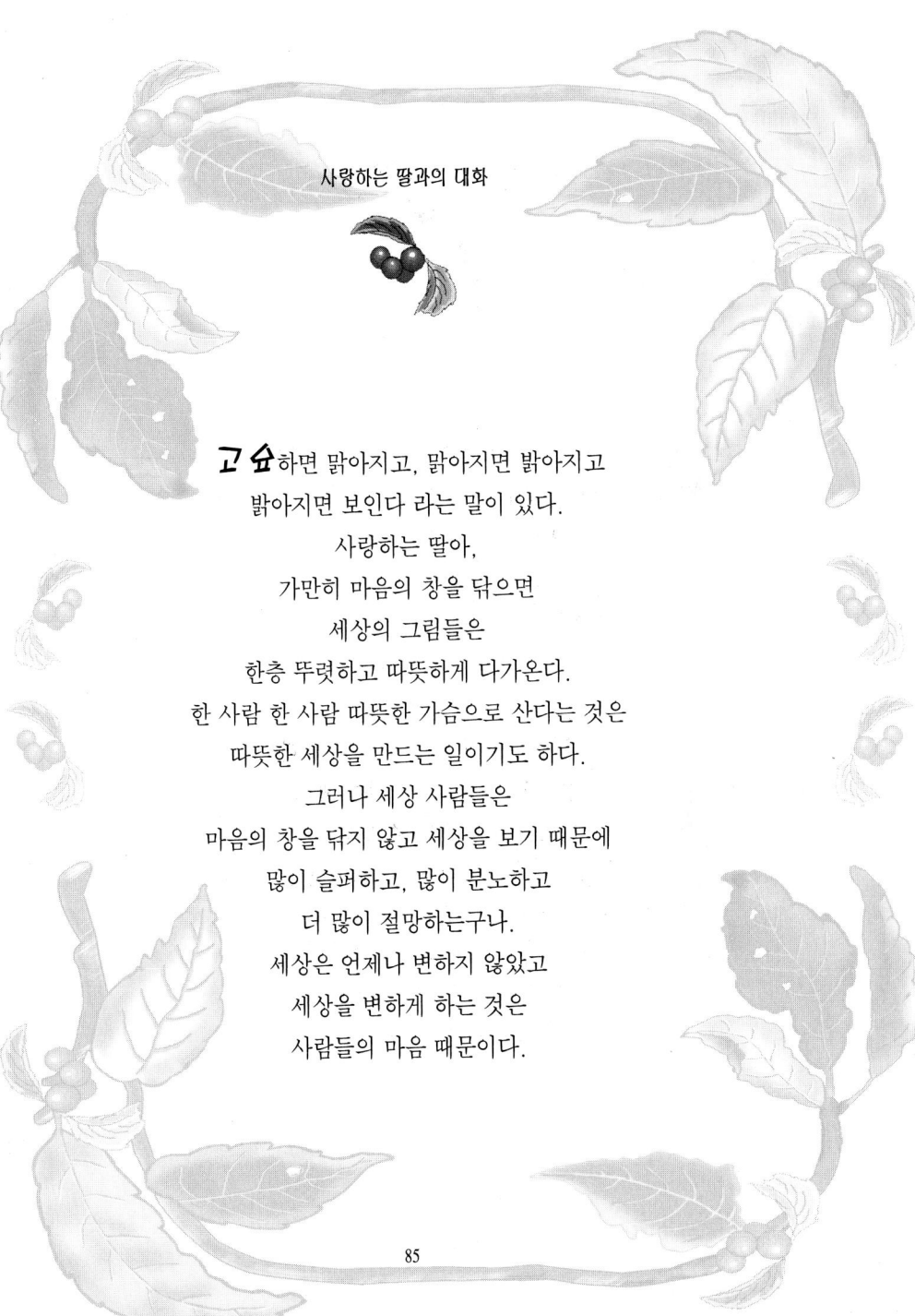

사랑하는 딸과의 대화

고요하면 맑아지고, 맑아지면 밝아지고
밝아지면 보인다 라는 말이 있다.
사랑하는 딸아,
가만히 마음의 창을 닦으면
세상의 그림들은
한층 뚜렷하고 따뜻하게 다가온다.
한 사람 한 사람 따뜻한 가슴으로 산다는 것은
따뜻한 세상을 만드는 일이기도 하다.
그러나 세상 사람들은
마음의 창을 닦지 않고 세상을 보기 때문에
많이 슬퍼하고, 많이 분노하고
더 많이 절망하는구나.
세상은 언제나 변하지 않았고
세상을 변하게 하는 것은
사람들의 마음 때문이다.

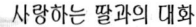

사랑하는 딸과의 대화

리차드바크의 '갈매기의 꿈' 이라는 책을 보면
'가장 높이 나는 새가 가장 멀리 본다' 라는 말이 있다.
너의 키가 쑥쑥 자라듯이
너의 생각도 자라고
너의 생각이 반짝할 때마다
너의 꿈도 커지는구나.
사랑하는 딸아,
도전하여 성공의 기쁨을 손에 넣기보다는
안전하고 편한 장소에 있는 편이 낫다고 생각하는 사람은
남들보다 높이 날 수 없다.
안주의 울밖으로 뛰쳐나가야만
비로소 더 큰 목표를 향해 전진할 수가 있다.
노력하면 얻을 수 있다.
하늘 높이 날아올라 세상을 가슴에 품는
그 성취의 기쁨을!

사랑하는 딸과의 대화

물이 깊지 않으면 큰 배를 띄울 수가 없단다.
얕은 물에는 언제나 도전을 두려워하는 사람들이나
작은 이익을 위해 얼굴을 붉히는 사람들로 시끄러울 뿐이다.
물이 깊다는 것은 생각이 깊다는 것이다.
깊은 생각의 바다에 띄우는 꿈은
필시 돛을 높이 올리고
바람을 가득 담고 나아갈 것이다.
사랑하는 딸아,
너는 분명 당당한 그 배의 선장일 게다.
그러나 아직은 시간이 필요하다.
세상의 바다에 용기있게 배를 띄울 수 있는
그날까지 노력과 준비가 필요하다는 것이다.
바다를 건너가기 위한 수로(水路) 안내인은 아빠다.
아빠가 기쁜 마음으로 안내하마.

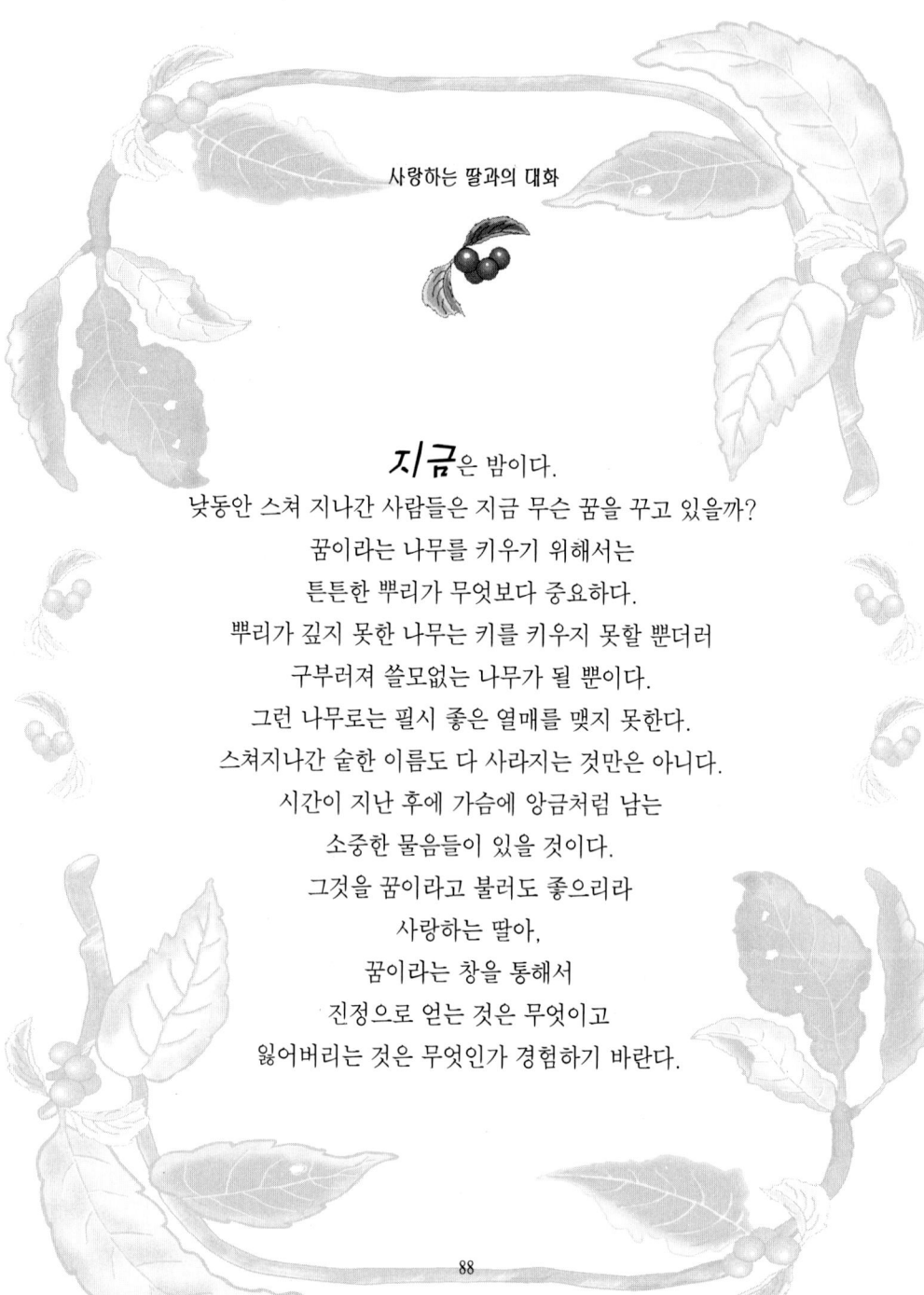

사랑하는 딸과의 대화

지금은 밤이다.
낮동안 스쳐 지나간 사람들은 지금 무슨 꿈을 꾸고 있을까?
꿈이라는 나무를 키우기 위해서는
튼튼한 뿌리가 무엇보다 중요하다.
뿌리가 깊지 못한 나무는 키를 키우지 못할 뿐더러
구부러져 쓸모없는 나무가 될 뿐이다.
그런 나무로는 필시 좋은 열매를 맺지 못한다.
스쳐지나간 숱한 이름도 다 사라지는 것만은 아니다.
시간이 지난 후에 가슴에 앙금처럼 남는
소중한 물음들이 있을 것이다.
그것을 꿈이라고 불러도 좋으리라
사랑하는 딸아,
꿈이라는 창을 통해서
진정으로 얻는 것은 무엇이고
잃어버리는 것은 무엇인가 경험하기 바란다.

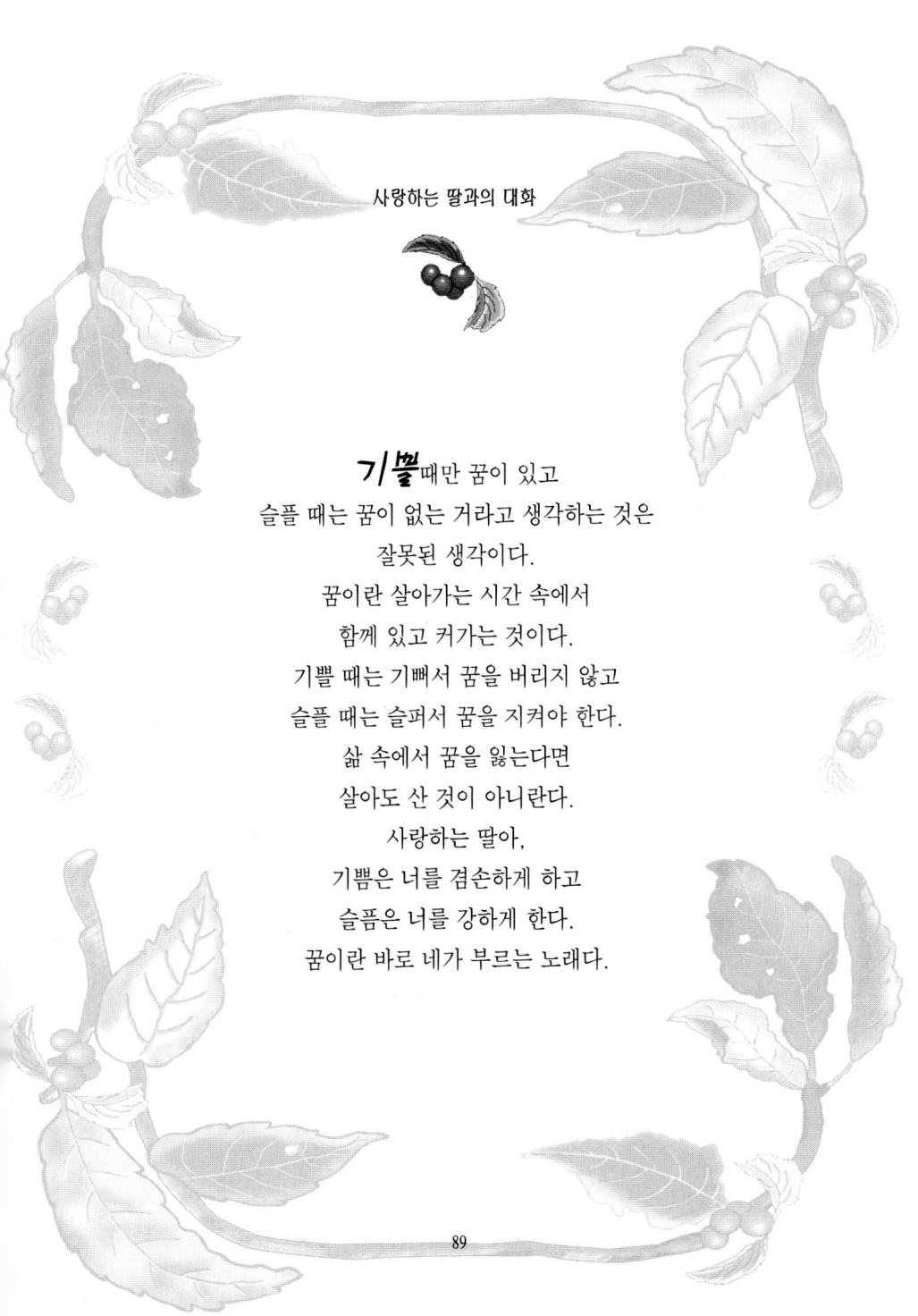

사랑하는 딸과의 대화

기쁠때만 꿈이 있고
슬플 때는 꿈이 없는 거라고 생각하는 것은
잘못된 생각이다.
꿈이란 살아가는 시간 속에서
함께 있고 커가는 것이다.
기쁠 때는 기뻐서 꿈을 버리지 않고
슬플 때는 슬퍼서 꿈을 지켜야 한다.
삶 속에서 꿈을 잃는다면
살아도 산 것이 아니란다.
사랑하는 딸아,
기쁨은 너를 겸손하게 하고
슬픔은 너를 강하게 한다.
꿈이란 바로 네가 부르는 노래다.

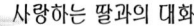

사랑하는 딸과의 대화

큰 일을 위해서 자신이 할 수 있는 일은
뿌리를 깊게 하는 것 뿐이다.
햇빛이나 물은 자신의 뜻대로 얻어지는 것이 아니다.
사랑하는 딸아,
빌딩 신축공사장을 보면 알 수 있을 것이다.
땅을 깊이 파면 팔수록 그 빌딩은 높게 지어지는 것이다.
뿌리를 깊게 하는 일은 그 만큼 꿈을 높게 하는 일이다.
뿌리가 깊으면 어떤 시련도
네 꿈을 함부로 쓰러뜨리지 못한다.
그러나 많은 사람들은 뿌리를 깊게 하기보다
먼저 날기를 소망하며 허공에 둥둥 떠다니는 삶을 사는구나.
지금 네 꿈이 아득하게 생각될지라도
기다리며 열심히 노력하는 일 뿐이다.
그것은 깊은 뿌리로 물을 받아들이고
푸른 잎으로 햇빛을 받아들이는 일이다.

사랑하는 딸과의 대화

반짝이기 위해서 개똥벌레는 먼저 어둠을
필요로 하는 셈이다 라고 어느 소설가가 이야기했구나.
사랑하는 딸아,
하루하루 공부를 하고 커가는 만큼 무거워지는 어깨가
힘들고 고통스러울 때도 있을 것이다.
새처럼 훨훨 날아가고 싶기도 하고 바람처럼 약속없이
떠나고 싶기도 하리라. 거리의 오락실이나 늦은 밤 화려한
불빛들이 너에게 유혹의 미소를 보내고 너는 모든 것을 잊고
그것들에 몸과 마음을 맡기고 싶기도 하리라.
그러나 훗날 네 꿈을 이루기 위해서
너는 지금 어둠과 외로움의 길을 가고 있는 것이다.
아빠가 너에게 따뜻한 격려의 말은
해줄 수 있겠지만 너의 삶을 대신 살아줄 수는 없지 않느냐.
너에게 주어진 시간을 만들고 가꾸는 일은 네가 풀어야 할
숙제다. 숙제가 어려운만큼 네가 그것을 풀었을 때
네가 꿈꾸는 꿈은 그만큼 눈부시고
너는 너 자신의 당당한 주인이 되는 것이다.

꿈이란 살아가면서 자신을 아름답게 가꾸지만
그 기쁨이나 평가는 인생의 황혼에서 보게 된다.
서두르지도 게으르지도 마라.
순간순간이 전체의 부분임을 잊어서는 안 된다.
- 본문중에서

꿈은 위를 보며 사는 것이다. 높이 더 높이 바라보며
네가 가지고 싶은, 네가 가고 싶은, 네가 만들고 싶은
세상을 향해 나아가거라.
- 본문중에서

제4부

그리운 것들은 더욱 그리워져 가슴에 남는다
— 이별에 관하여

이별은 슬픈 거라고
말하는 사람은
만남의 기쁨을
알지 못하는 사람이지,
이별 뒤의 만남은
더욱 기쁘고
이별이 있기에
만남은 한없이 소중한 것이지.
사람들은
언제나 만남만 생각하지만
이별없는 만남이란
생각할 수 없는 일이지.

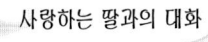

사랑하는 딸과의 대화

사랑하는 딸아,
이별이란 헤어짐이 아니다.
이별이란 서로의 가슴에다 사랑하는 사람의
이름을 새기는 것이다.
지워도 지워지지 않을 만큼 깊이 새기고
그 이름 위에다
그리움의 마음을 색칠하고
하루하루 만남을 손꼽는 일이다.
이별이란 슬픈 것이 아니다.
함께 하는 일이 얼마나 소중한 것인가를
배우는 시간이다.
그래서 만남을 믿는 사람은
이별해도 슬퍼하지 않고
안녕하며 웃으며 보낼 수 있는 것이다.

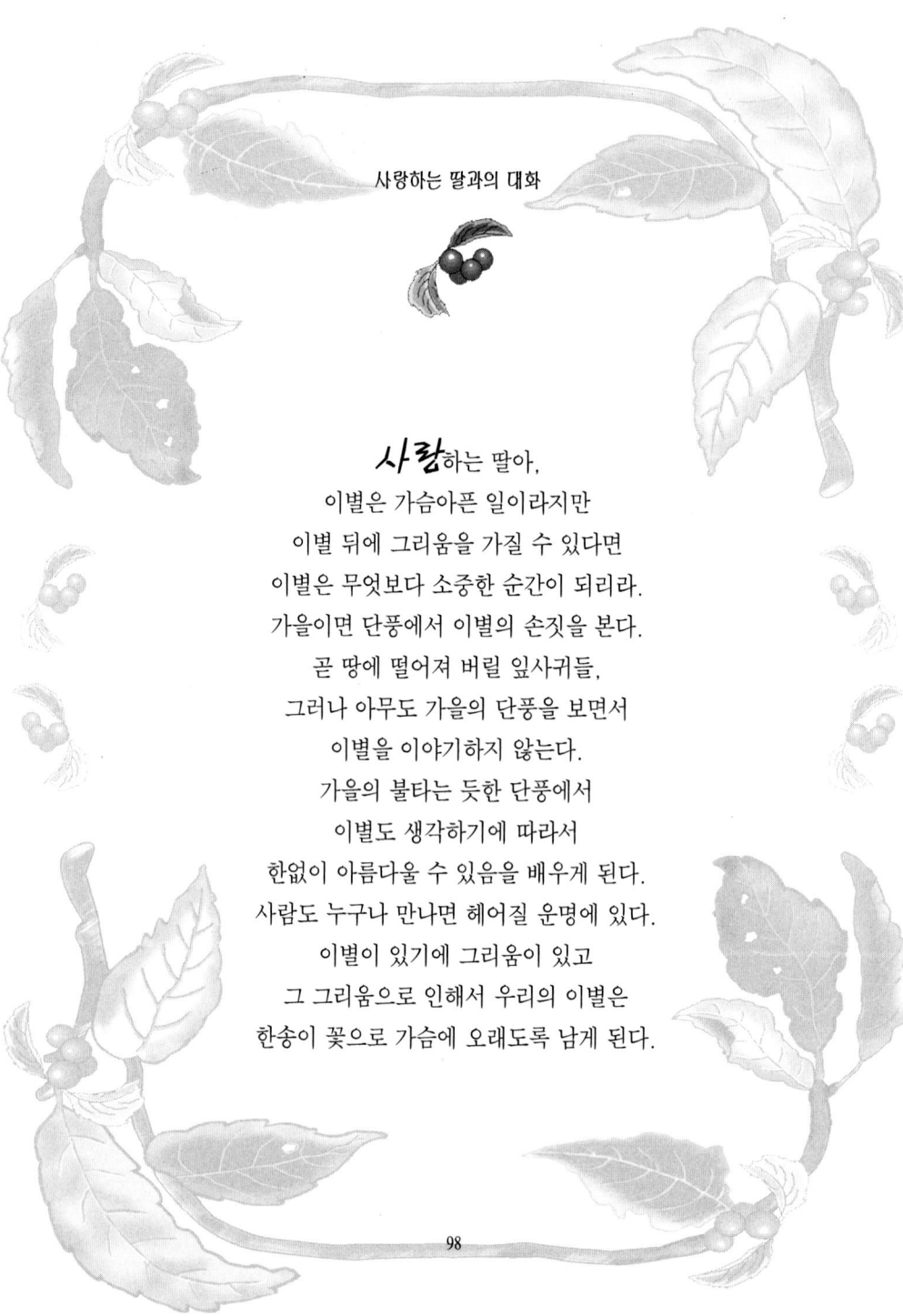

사랑하는 딸과의 대화

사랑하는 딸아,
이별은 가슴아픈 일이라지만
이별 뒤에 그리움을 가질 수 있다면
이별은 무엇보다 소중한 순간이 되리라.
가을이면 단풍에서 이별의 손짓을 본다.
곧 땅에 떨어져 버릴 잎사귀들,
그러나 아무도 가을의 단풍을 보면서
이별을 이야기하지 않는다.
가을의 불타는 듯한 단풍에서
이별도 생각하기에 따라서
한없이 아름다울 수 있음을 배우게 된다.
사람도 누구나 만나면 헤어질 운명에 있다.
이별이 있기에 그리움이 있고
그 그리움으로 인해서 우리의 이별은
한송이 꽃으로 가슴에 오래도록 남게 된다.

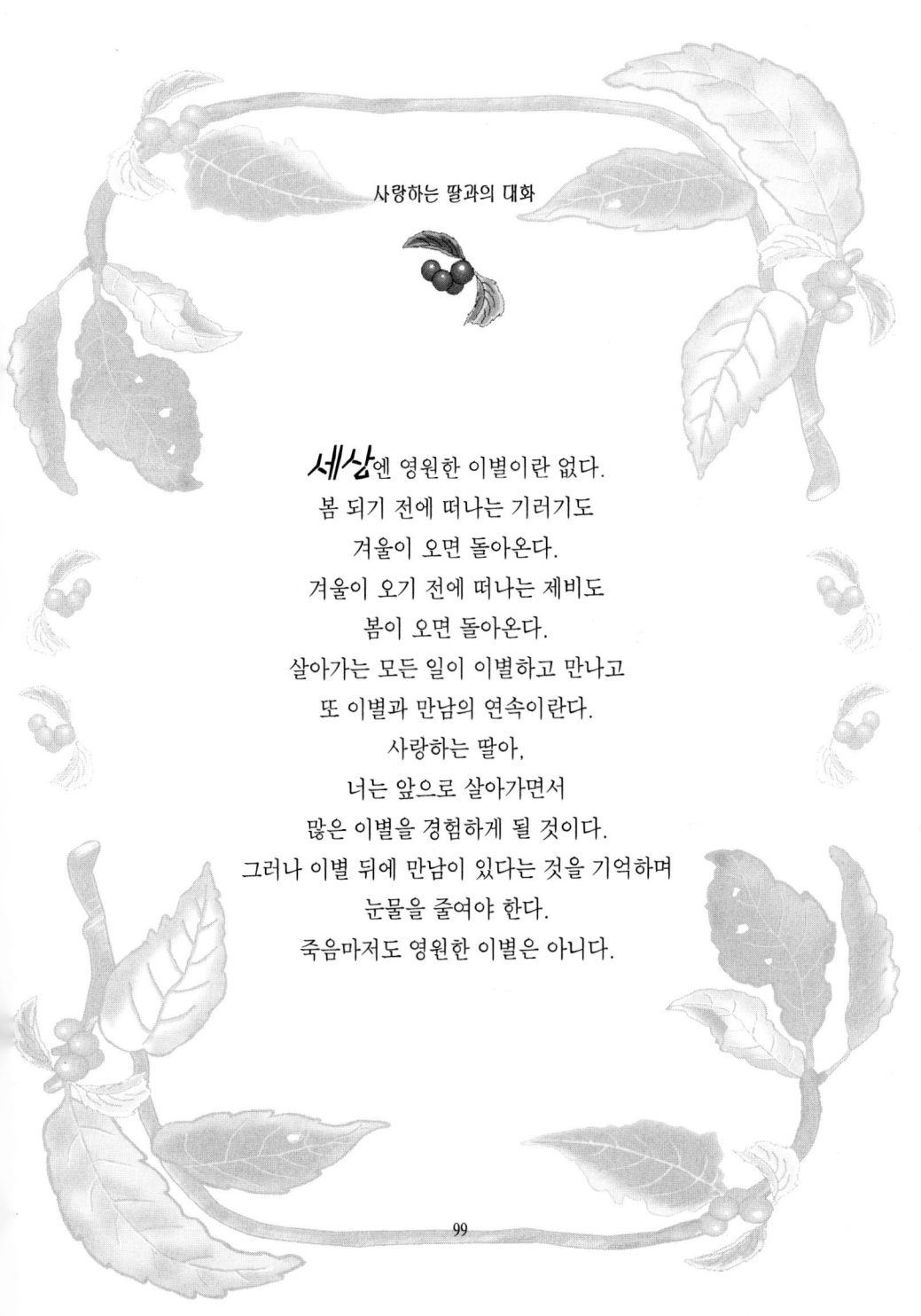

사랑하는 딸과의 대화

세상엔 영원한 이별이란 없다.
봄 되기 전에 떠나는 기러기도
겨울이 오면 돌아온다.
겨울이 오기 전에 떠나는 제비도
봄이 오면 돌아온다.
살아가는 모든 일이 이별하고 만나고
또 이별과 만남의 연속이란다.
사랑하는 딸아,
너는 앞으로 살아가면서
많은 이별을 경험하게 될 것이다.
그러나 이별 뒤에 만남이 있다는 것을 기억하며
눈물을 줄여야 한다.
죽음마저도 영원한 이별은 아니다.

사랑하는 딸과의 대화

사랑하는 딸아,
죽음에 대해서 말하지 않고서 우리가 어떻게
삶을 말할 수 있겠느냐.
삶이란 어쩌면 죽음이라는 절대명제 앞에서
훌륭하게 처신하는 법을 우리에게 가르쳐주는
것인지도 모른다.
죽음을 두려워한다면 삶 역시 두려울 수밖에 없다.
삶은 곧 죽음으로 가는 여행이기에,
죽음 앞에서는 누구도 다르지 않다.
그러나 어떻게 죽음을 맞이했는가는 다르다.
사랑하는 딸아,
문득 셰익스피어의 시구가 생각나는구나.
'사는 것, 잠자는 것, 죽는 것, 이 모두가 꿈이 아닌가!
그렇다 그것이 문제다, 꿈이 아니라고 생각하는 것……'

사랑하는 딸과의 대화

인간은 태어날 때는 손을 꼭 쥐고 있는데
죽을 때는 손을 펴고 있다고 한다.
태어날 때에는 세상의 모든 것을 움켜쥐려고 하기 때문이며,
죽을 때에는 모든 것을 뒤에 남은 사람들에게 주고
아무것도 가지고 가지 않는다는 것을 의미한다.
탈무드에 나오는 말이다.
대다수 사람들은 만남만을 중요하게 생각하지
이별은 중요하게 생각하지 않고들 있다.
만남의 기쁨보다 이별을 통해서 상대에게 사랑을
남겨준 사람으로, 가장 소중한 사람으로 기억되어져야 한다.
우리에게 이별이 소중한 것은 이별과 만남은
언제나 반복되고 이별의 의미만큼 만남의 기쁨도
달라지기 때문이다.
어떻게 아쉬운 이별이 없는데 기쁜 만남이 있을 수 있겠느냐.
만남이 자기가 가지는 기쁨이라면
이별은 남에게 주는 기쁨이다.

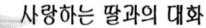

사랑하는 딸과의 대화

살아가노라면 많은 이별을 하게 된다.
우리는 항상 만남과 이별 속에 살고 있다.
필요에 의해서 만나거나 스쳐지나다 만나거나
모든 만남 뒤에는 언제나 이별이 있다.
어떤 종류의 이별이든지 이별의 순간에는
다시금 새로운 만남을 생각해야 한다.
나뭇잎 흔드는 바람이 늘 그 바람이 아니듯
흐르는 강물이 어제 그 강물이 아니듯
이별이란 바람이고 강물 같은 것이기 때문이다.
이별은 아득한 어둠이 아니다.
다만 흘러가면서 나뭇가지를 흔들거나
새의 깃털을 날려보거나
혹은 강변의 꽃을 바라보거나
풀들을 쓰다듬어 주는 일 같은 것이다.
이별이 끝이 아니라 새로운 시작이라고 믿는다면
삶은 한층 아름다울 수 있을 것이다.

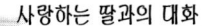

사랑하는 딸과의 대화

*세상*의 그 무엇도
정지해 있는 것은 아무것도 없다.
조금씩 혹은 많이, 빠르게 또는 천천히
흘러가고 있다.
흐르고 있는 것이 살아있는 것이라면
이별도 살아있는 것의 하나다.
이별은 끝이 아니다.
슬픔을 털고 이별해야 한다.
그러나 대부분의 사람들은 그렇게 하지를 못한다.
잠시 헤어지면서도 다시는 못만날 것처럼 생각하고
약속있는 이별도 영원한 이별인냥
슬픔의 눈물을 뿌리는구나.
그리하여 길지 못한 목숨을 더욱 짧게 살며
불안하게 살며 아름답지 못하고
절망적으로 끝을 맺고 마는구나.
우리가 이별을 만남의 한 순간으로 믿는다면
이별도 슬퍼하지 않고 더욱 기쁘게
삶을 살 수 있을 텐데 말이다

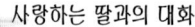

지금 이 순간에도
세상의 많은 풍경들과
세상의 많은 기억들과
조금씩 이별하고 있는 것이다.
지금 이 순간에도
세상의 많은 만남들을
세상의 많은 얼굴들을
가슴에 하나씩 그리움으로 쌓고 있는 것이다.
설사 그리움이 가슴에 무겁도록 쌓인다 해도
세상의 그림 하나라도
세상의 노래 하나라도
깊이깊이 가슴에 받아들일 일이다.
그것이 이 세상의 여행 길에서
네가 지켜야 할 약속과 같은 것이다.
사랑하는 딸아,
세상이 아무리 슬프게 변해도
눈을 감고 귀를 막고 있어서는 안 된다.
아직도 사랑해야 할 모습들이 저렇게 많이 있구나.

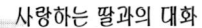
사랑하는 딸과의 대화

이별은 또 다른 만남을 약속한다.
만남이 낮이라면 이별은 밤에 불과한 것이다.
세상은 짧게 혹은 길게 만나고 헤어지는
생명들로 흘러가고 있다.
많은 만남은 언제나 숱한 이별을 전제로 하고 있다.
어쩔 수 없었던 이별,
삶과 죽음으로의 이별,
아름다운 이별, 슬픈 이별……
이별이라는 이름은 변하지 않지만
어떻게 이별을 받아들이느냐에 따라서
이별의 색깔은 달라진다.
사랑하는 딸아,
이별을 겁내지도 슬퍼하지도 말아라.
우리는 이미 하루하루 만나는 얼굴만큼
이별을 경험하며 살고 있지 않느냐.

사랑하는 딸과의 대화

앞서 흘러간 물을 지금 따라잡지 못하지만
앞서 흘러간 물과 지금 하나로
몸 섞지 못하지만
뒤서 흐르는 물은 슬프지 않네.
언젠가는 만날 수 있기에
언젠가는 함께할 수 있기에
호수에서 만날까, 바다에서 만날까.
물은 흔들리는 가슴에
잎사귀 하나 띄우네
눈망울 까만 물고기 몇마리 헤엄치게 하네.
이별은 더 기쁜 만남을 향해 흘러가는 것.
기다릴 수 있어야 하네
믿을 수 있어야 하네.
그래서 졸졸졸, 철철철
노래하며 흐를 수 있네.

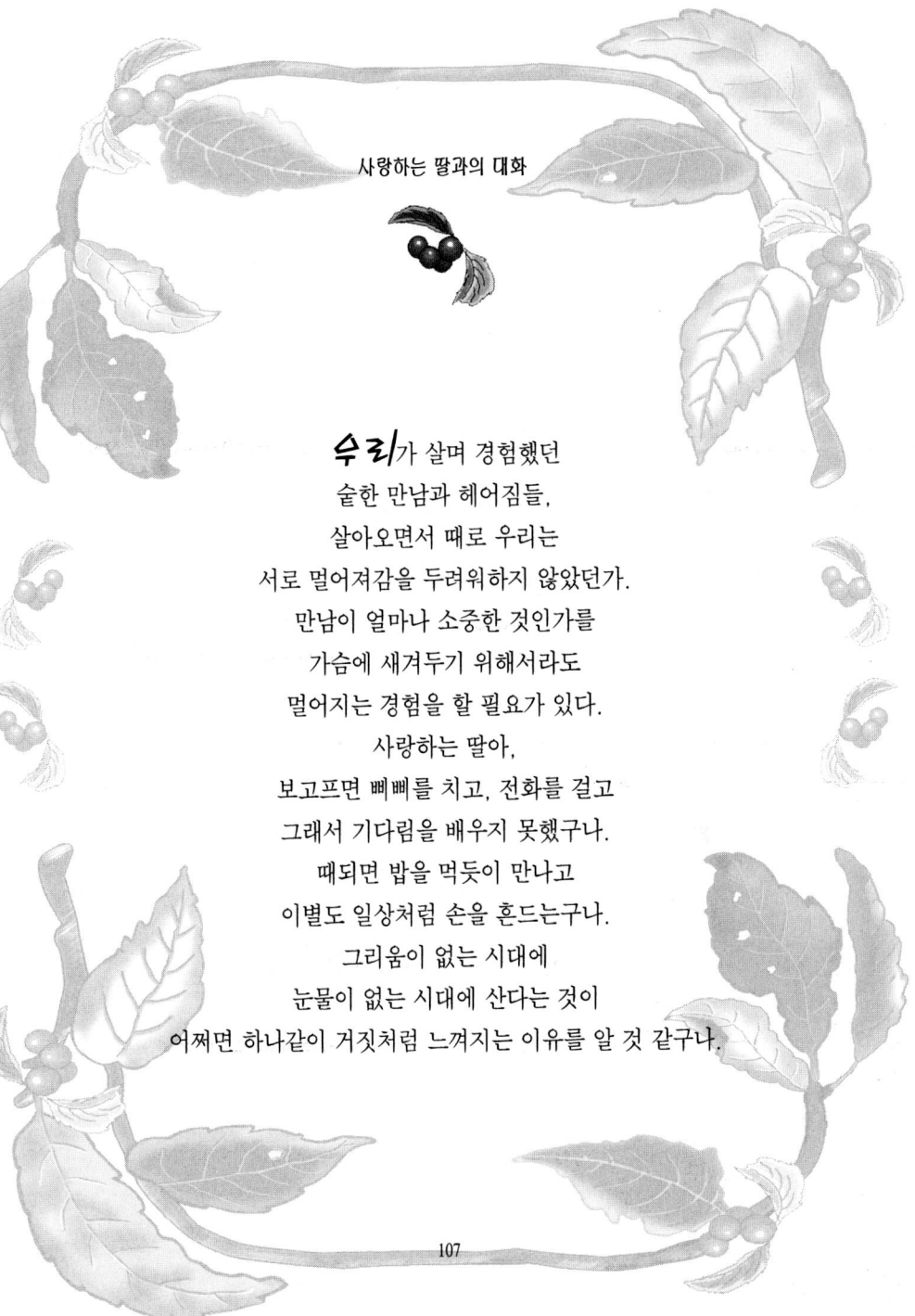

사랑하는 딸과의 대화

우리가 살며 경험했던
숱한 만남과 헤어짐들,
살아오면서 때로 우리는
서로 멀어져감을 두려워하지 않았던가.
만남이 얼마나 소중한 것인가를
가슴에 새겨두기 위해서라도
멀어지는 경험을 할 필요가 있다.
사랑하는 딸아,
보고프면 삐삐를 치고, 전화를 걸고
그래서 기다림을 배우지 못했구나.
때되면 밥을 먹듯이 만나고
이별도 일상처럼 손을 흔드는구나.
그리움이 없는 시대에
눈물이 없는 시대에 산다는 것이
어쩌면 하나같이 거짓처럼 느껴지는 이유를 알 것 같구나.

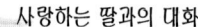

사랑하는 딸과의 대화

사랑하는 딸아,
이별은 슬픔의 빛깔이 아니다.
이별은 상대로부터 멀어지는 것이나
떠나는 것으로만 생각지 않고
이별로 인해 고맙고 감사한 마음을 가질 수 있다면
그것은 너를 성장시키는 은혜로움이다.
사람이 육신의 몸으로 사는 한
언젠가 이 세상과도 이별해야 한다.
누구든지 이 세상을 떠날 때
감사한 마음과 더 반가운 만남으로
가슴 설렐 수 있다면
그것만큼 부러운 삶은 없을 것이다.
이별이 슬픔의 이름으로 불리지만
슬프기 때문에 아름다운 것인지도 모른다.

사랑하는 딸과의 대화

일본 메이지 시대에 '탄잔' 이라는 철학자는
생애 마지막날 친구들에게 예순장의 엽서를
보냈는데 그 내용은 이러했다.
"오늘 나는 세상을 떠난다. 이것이 나의 마지막 말이다."
- 탄잔

살아가는 일이란 시간을 여행하는 것이기도 하다.
여행을 마치는 삶의 마지막날 우리에게 엽서를
보낼 친구가 있다면 더없이 좋은 일이다.
사랑하는 딸아,
이별을 슬퍼하기보다 여행의 마지막날 어떤 내용의
엽서를 쓸 것인가를 생각할 일이다.
삶을 사는 방법에 따라 엽서의 내용도 달라진다.
그 내용이 후회보다는 기쁨의 글이 되도록 노력해라.

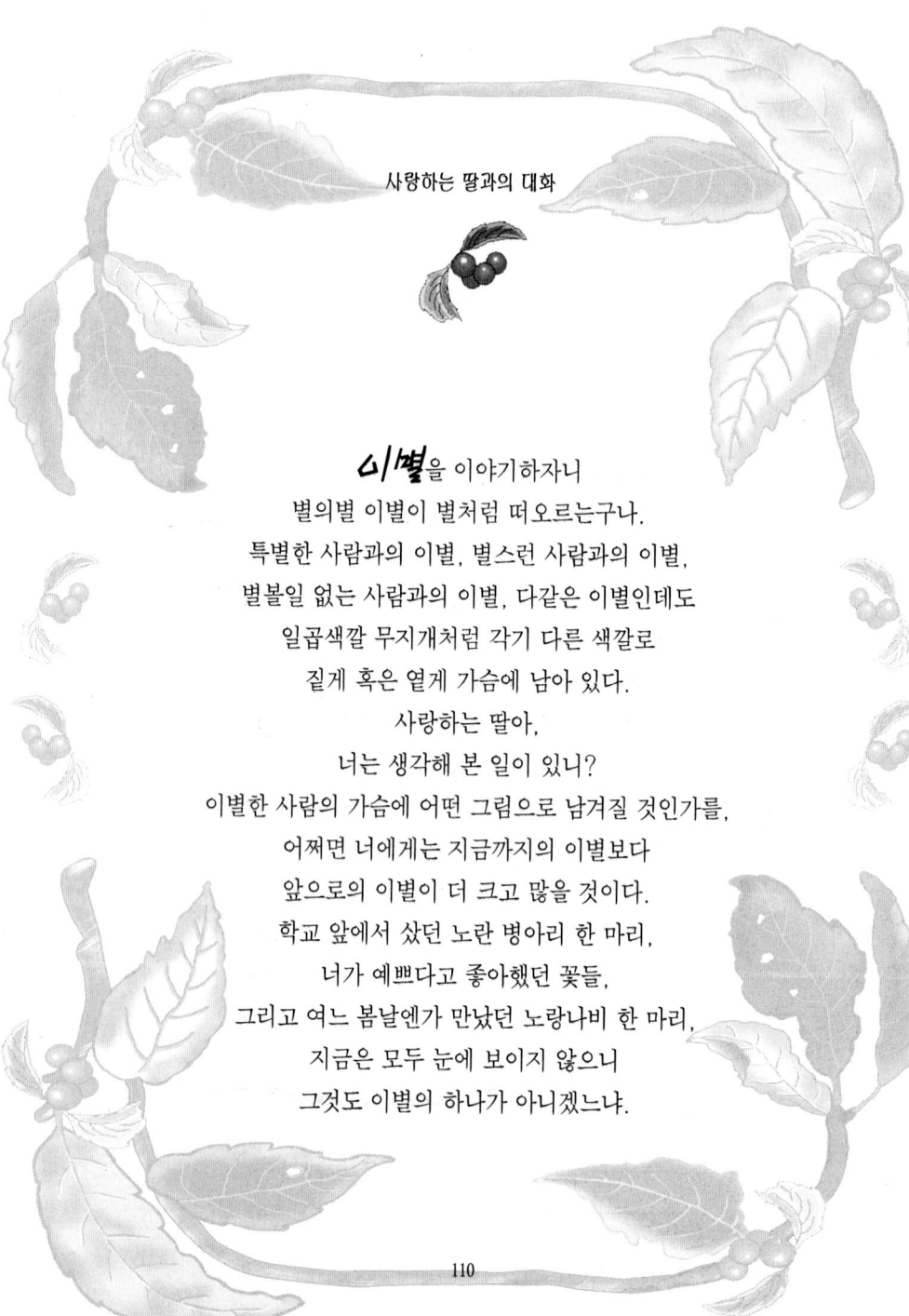

사랑하는 딸과의 대화

*이별*을 이야기하자니
별의별 이별이 별처럼 떠오르는구나.
특별한 사람과의 이별, 별스런 사람과의 이별,
별볼일 없는 사람과의 이별, 다같은 이별인데도
일곱색깔 무지개처럼 각기 다른 색깔로
짙게 혹은 옅게 가슴에 남아 있다.
사랑하는 딸아,
너는 생각해 본 일이 있니?
이별한 사람의 가슴에 어떤 그림으로 남겨질 것인가를,
어쩌면 너에게는 지금까지의 이별보다
앞으로의 이별이 더 크고 많을 것이다.
학교 앞에서 샀던 노란 병아리 한 마리,
너가 예쁘다고 좋아했던 꽃들,
그리고 여느 봄날엔가 만났던 노랑나비 한 마리,
지금은 모두 눈에 보이지 않으니
그것도 이별의 하나가 아니겠느냐.

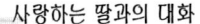

사랑하는 딸과의 대화

헤밍웨이의 '누구를 위하여 종은 울리나?'에서
"…… 이별은 아니니까 안녕이라고 말하지 않겠어요"
하며 눈물을 삼키던 여인의 모습이 오래도록 잊혀지지 않는다.
전장으로 떠나는 사람, 어쩌면 영영 다시는 못 만날지도
모르는 사랑하는 사람에게 차마 인사말로
'안녕' 하고 입밖에 내어 말하지 못하던 그 모습이
얼마나 눈물겹고 안타까운 이별이냐.
이별을 미리 예감하고 마음 속으로 준비할 수 있다면
아니 이별할 때 웃으며 다시 만나자고 약속할 수 있다면
행복한 이별, 행복한 삶을 살고 있는 사람이다.
사랑하는 딸아,
이별할 때 이렇게 말할 수 있어야 한다.
'이별해도 슬퍼하지 않아요. 다시 만날 것을 믿으니까요.'

사랑하는 딸과의 대화

사랑하는 딸아,
사람들은 너무 행복하다고 생각될 때
그 행복이 깨어질까 두려워하고
기쁜 만남이 있어 즐거울 때도
미리 이별을 염려하며 안타까워하는구나.
봄에 잎을 피우고 여름에 잎을 흔들고
가을에 잎을 물들여 겨울에 잎을 떨구고 섰는 나무는
두려워하거나 안타까워하지 않는다.
그것은 다시 봄이 올 것을 믿기 때문이다.
우리가 이별을 두려워하거나 슬퍼만 한다면
어떻게 인간의 고귀한 삶이
한 그루 나무보다 값지다 할 수 있겠느냐.
만나서 반갑고 헤어지면 그리워하는 일들이
세상의 어떤 법칙과도 다를 것이 없다.
지금 어디쯤에서 너를 향해서 달려오고 있는
누군가가 있다고 생각한다면
너는 한층 따뜻한 가슴으로 기다릴 수 있을 것이다.

사랑하는 딸과의 대화

등 뒤에 겨울을 데리고 있어 가을을 즐기지 못한다면
삶은 불행하다 할 수밖에 없다.
겨울 뒤에는 필시 봄이 있어 겨울의 홀로 남겨짐도
인내할 수 있어야 한다.
봄은, 여름은, 가을은, 겨울은 저마다의 모습으로 다가와
각기 다른 향기로 우리를 만난다.
설사 한 계절이 고통스럽다 할지라도
한 계절의 축복이 있어 우리는 기쁘게 살아갈 수 있다.
사랑하는 딸아,
앞으로 네가 성장하여 스스로 세상을 살아갈 수 있을 때도
변함없이 바람은 불 것이다.
학년이 오르면서 담임 선생님과 이별해야 할 일도
한 반 가까운 친구와 헤어져야 할 일도
그런 이별보다도 오래도록 가슴 젖게 할 이별도
너는 경험하게 될 것이다.
그러나 그 어떤 이별도 사랑의 한 부분임을
너는 현명하게 기억하며 기다릴 수 있어야 한다.

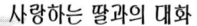
사랑하는 딸과의 대화

인생길이란 강물로 흐르다가 바람으로 흐르다가
잠깐 맑은 하늘 한 자락,
품에 안아보는 목숨과 같은 것이라고 말을 하는구나.
인생길이란 그렇게 잠깐씩 비치는 햇살을 만나거나
한동안 꿈인듯 주어진 시간을 살다 간다.
또 어떤 날은 비에 젖거나, 어둠 속이나,
안개 가득한 길을 걸어야 한다.
길을 가다 만나는 바람 한 자락, 발 아래 떨어진 잎사귀 하나
이제 다시는 만나지 못할지도 모른다.
그래서 스쳐 지나는 작은 이름들 위에도
깊은 눈길을 던져야 한다.
한 여름 목메 노래하던 매미들도 다 떠났다.
지금은 청청한 울음소리만 귀에 남아 있다.
세상을 뜻없이 살다 가기보다
세상에 그리운 흔적 하나쯤은 남길 일이다.
그래서 이별을 염려하기보다
주어진 지금 시간을 목청껏 노래해야 한다.

사랑하는 딸과의 대화

흐르는 강물은 수많은 소리와 풍경을
그 속에 담고 있는 추억의 물이며
어딘가를 희망하는 잠들지 않는 물이다.
사람들은 흐르지 않고 고여 있는 물을
고요함과 혹은 편안함이라고 말한다.
흐르지 않는 물이 겸손으로 보일 수도 있다.
그러나 그 물의 가슴은 조금씩 썩어가고 있음을 알아야 한다.
고여 있는 물은 넓고 큰 세상을 알지 못한다.
하늘을 가슴에 담고 있는 자신이 제일이라고 생각한다.
흐르는 물이야말로 살아 있는 가슴을 가지고 있다.
이별도 이와 같다.
쉼없이 흐르는 물처럼 우리는 하나씩 이별함으로
새롭게 만나고 더 많은 추억을 만든다.
강이 흐르면서 깊어지고 넓어지는 것처럼
이별 함으로 꿈도 기쁨도 커가는 것이다.
사랑하는 딸아,
머물러 잠들지 않고 흘러 깨어 있어야 한다.

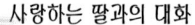

사랑하는 딸과의 대화

세상에는 이별을 잊고 사는 사람들이 너무 많구나.
생각해 보거라.
이별이 없는데 어떻게 추억이 있을 수 있겠느냐.
추억이 없는 가슴으로 어떻게
희망을 노래할 수 있겠느냐.
네가 간직하고 있는 아름다운 추억들은
지나간 시간동안 네 곁을 스쳐간 소중한 이야기들이다.
별처럼 반짝이는 추억 몇 개쯤 가슴에 간직하고 있다면
앞으로의 시간은 더욱 아름다울 수 있다.
세상이 지금처럼
사랑이 적은 것도
환경이 오염된 것도
다 이별을 소중하게 생각지 않기 때문이다.

사랑하는 딸과의 대화

'인간이란 그 사람이 하룻동안 생각한 것을 말한다.' 라고
말한 것은 철학자 에머슨의 말이며, '사람의 일생이란 그 사람이
일생을 어떻게 생각했는가 하는 것이다.' 라고 말한 것은
마르크스 아우렐이우스 말이다.
이 말은 생각이란 살아가는 데 있어 중요한 길잡이이며
어떻게 생각하며 사느냐에 따라서 삶이 달라진다는
말이기도 하다. 이별도 그러하다.
이별을 잃어버리는 것, 멀어지는 것으로만 생각한다면
오랫동안 슬프고 우울하게 보낼 수밖에 없다.
이별이란 묵은 각질을 벗기는 것, 더 큰 기쁨을
약속하는 것으로 가슴에 두어야 한다.
소중하고 따뜻하게 그리워하며 기다릴 수 있어야
이별은 별처럼 아름다울 수 있다.
사랑하는 딸아,
오늘 너의 생각 속에 남아있는
이별한 사람들의 얼굴을 하나씩 떠올리며
그리운 사람들의 이름을 하나씩 불러보거라.

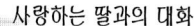

사랑하는 딸과의 대화

이별이 만남보다 소중한 것은 이별이 만남의 의미를
볼 수 있게 해주기 때문이다.

사랑하는 딸아,
사람들은 보고싶으면 쉽게 만나고 또 많은 이별을
되풀이 하면서 만남의 소중함을 잊고 사는구나.
만남 뒤에 필시 이별이 있다면 이별의 의미를 가슴에 둠으로서
만남이 더욱 소중할 수 있을텐데 말이다.
이별하면 또 만나면 되지,
또 다른 만남이 있는데 뭘,
하는 가벼움은 삶을 아름답게 하기보다
삶을 무의미하게 하거나 권태롭게할 뿐이다.
분명 삶은 만남과 이별을 통해 성장하고
이별과 만남을 통해
아름답게 완성되는 것이니까 말이다.

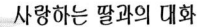

사랑하는 딸과의 대화

사람들은 왜 이별이 있기 전에 만남이 있었다는
사실을 잊고 있는지 모르겠다.
사람들은 왜 이별이 있은 후에 만남이 있으리라는
약속을 믿지 못하는지 모르겠다.
오늘도 사람들은 만남과 이별을 반복하면서
만날 때만 기뻐하고 헤어질 때만 슬퍼하는구나.
사랑하는 딸아,
사람들은 왜 만남의 기쁨은 마음에 두지 않은 채
이별의 슬픔만으로 가슴 아파하는지 모르겠다.
만남의 기쁨을 오래도록 가슴에 두면
이별은 마음 속 꽃을 피게 하는 이따금 내리는
빗방울 같은 것이란 걸 알 수 있을 텐데 말이다.
사람들은 왜 만남을 위해서는 창을 열어두고
이별을 위해서는 길을 허무는지 모르겠다.
사람들은 왜 자꾸만
이별을 슬픔이라고 말하는지 모르겠다.

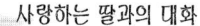만남을 귀중하게 생각했다면 헤어짐도 귀중하게
받아들일 수 있는 여유를 가져야 한다.
만남의 끝에 이별이 있듯이 이별의 끝에 만남이 있다.
이별이 영원한 이별이 되지 않게 하기 위해서라도
이별의 불씨 얼마쯤 가슴에 두어야 한다.
가슴에 그리움의 불꽃 하나 없다면 만남의 인연은 멀고
살아가는 일은 더욱 쓸쓸하리라.
생활이 바쁘고 감동이 적은 시대지만
인연을 소중하게 생각한 옛사람들처럼
이별도 삶의 한 부분임을 믿으며 떠나간 사람을
쉽게 잊기보다 인연의 끈을 소중하게 생각하는
가슴을 가져야 하리라.

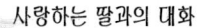는 건강하고 성실하게 살다가 알을 낳은 뒤
하루만에 고통없이 죽는다고 한다.
죽음을 이별이라고 말한다면
열심히 뜻깊게 세상을 살고 후회없이
생을 마감하는 일은 얼마나 행복한 삶이냐.
세상 사람들은 어떻게 삶을 사느냐라는
중요함은 잊은 채 몸에 좋은 약이라면
오래 살 수 있는 방법이라면
너도 나도 기를 쓰고 몰려드는구나.
신문이며 방송이며 부끄러운 일들이
없는 날들을 살면서
문득 고향을 찾아와 죽음을 맞는 연어의 삶이
산 언덕에 핀 이름 모를 들꽃의 생이
무척 생각나는 하루구나.

누 구나 사랑하는 사람과 마지막 사랑이 되기를 원한다.
그것은 이별 없이 영원히 함께 한다는 말일 수도 있지만
한 사람에게 가장 귀한 존재로 남는다는 말이기도 하다.
네가 보았던 꽃 중에서 가장 아름다운 꽃,
(아름답지 않은 꽃이 어디 있으랴)
네가 만났던 사람 중에서 가장 사랑한 사람,
(사랑을 감히 비교의 개념으로 말할 수 있으랴)
네가 삶을 살면서 가장 소중했던 기억,
(삶을 적당히 살지 않고서야 어떻게 '가장' 이라는
단어를 쓸 수 있으랴)
그러나 흘러가는 시간과 함께
모든 것들이 다 떠나가고
모든 것들이 가슴에 남는다.
그리운 것들은 더욱 그리워져
네 안에 남으리라.
그 중에서도 사무치게 그립고 더욱 깊게 가슴을
흔드는 것이 있다면 그것이 바로 마지막 사랑이다.

사랑하는 딸과의 대화

사랑하는 딸아,
무엇이 너를 슬프게 하느냐.
이별 때문이냐?
만남만이 기쁜 것은 아니다.
때로 잘못된 만남이 얼마나 많이 가슴을
아프게 하였더냐.
하루에도 수없이 만나는 인연들이
모두가 기쁨 뿐이라면 얼마나 좋겠느냐.
세상에는 진실하지 못한 만남으로 인해
상대에게 상처를, 절망을, 분노를 주는 일이 너무 많구나.
그래서 사랑하는 사람과도 때로 멀어져서 그리워하고
사랑을 확인하는 일이 필요하다고 말하는구나.
이별이 미움으로 남겨지는 것이 아니라면
이별이 영원한 이별로 남는 것이 아니라면
우리는 때로 이별함으로
가슴의 사랑을 점검할 시간이 필요하다.

사랑하는 딸과의 대화

어떤 사람은 떠남으로 멀어지고
어떤 사람은 잊혀져 사라지고 어떤 사람은 죽어서 헤어진다.
살아가는 일에서 이별이란 둘에서 하나로 되었다가
다시 하나에서 둘로 되는 것이다.
삶이란 흐르는 물처럼 끊임없이 흐르면서 합쳐지고
또한 흐르면서 갈라지는 것이다.
우리는 만남에 너무 연연해할 필요가 없고
우리는 이별에 너무 안타까워할 필요도 없다.
누구는 삶과 죽음을 이렇게 노래했구나.
'삶이 닥치면 한가롭게 잠들듯이 눈을 떠야 한다.
죽음이 닥치면 한가롭게 잠들듯이 눈을 감을 것이다.
삶과 죽음은 꿈같은 것이다.'
사랑하는 딸아,
우리가 이별을 슬프다 말하는 것은
젊은 시절에 서로를 다 말하지 못하고 헤어지기 때문이고
좀더 열심히 사랑하지 못하고 헤어지기 때문이다.

사랑하는 딸과의 대화

결국 모든 것은 사라지지만
사라지리라는 것을 알면서도 사라지기 전의 삶을 사랑하는
사람은 아름답다라고 누군가 말했다.
또 누군가는 사라지는 모든 것들은 아름답다 라고 했다.
사라지기 전의 삶을 사랑하는 사람이나
사라지는 모든 것이 아름답다 라고 말할 수 있는 사람은
필시 삶을 열심히 산 사람일 것이다.
그런 사람만이 '삶은 아름답다' 라고 노래할 자격이 있기 때문이다.
우리는 석양의 붉은 노을을 보면서 두 가지 감정을 느낄 수 있다.
너무 아름답다 라는 감정과 왠지 쓸쓸하다는 감정이다.
대다수 사람들은 인생의 황혼에 서면
지나온 삶을 후회스러워하거나 아쉬워한다.
자신이 다시 젊어질 수만 있다면
삶을 다르게 살리라 말하곤 한다.
순간순간의 시간을 아름답다 라고 느끼고
아름답게 만들어가는 삶이야말로
인생의 끝에서 후회를 줄이는 일이다.

우리에게 이별이 소중한 것은 이별과 만남은 언제나 반복되고
이별의 의미만큼 만남의 기쁨도 달라지기 때문이다.
만남이 자기가 가지는 기쁨이라면 이별은 남에게 주는 기쁨이다.
- 본문중에서

소중하고 따뜻하게 그리워하며 기다릴 수 있어야
이별은 별처럼 아름다울 수 있다.
오늘 너의 생각 속에 남아 있는 이별한 사람들의 얼굴을
하나씩 떠올리며 그리운 사람들의 이름을 하나씩 불러보아라.
　　　　　　　　　　　　　　　　- 본문중에서

제5부

아름다운 비상을 꿈꾸는 딸들에게
— 자유에 관하여

자유란 더 높이 날아
더 멀리 보는 것과 같지.
자유란
스스로 떠나고 찾고 배워서
얻는 것이지,
누가 베풀어 주는 것은 아니지.

책임질 수 없는 자유는
진정한 자유가 아니지
그런 자유는
오히려 남을 불편하게 하고
자신마저 구속시키지.

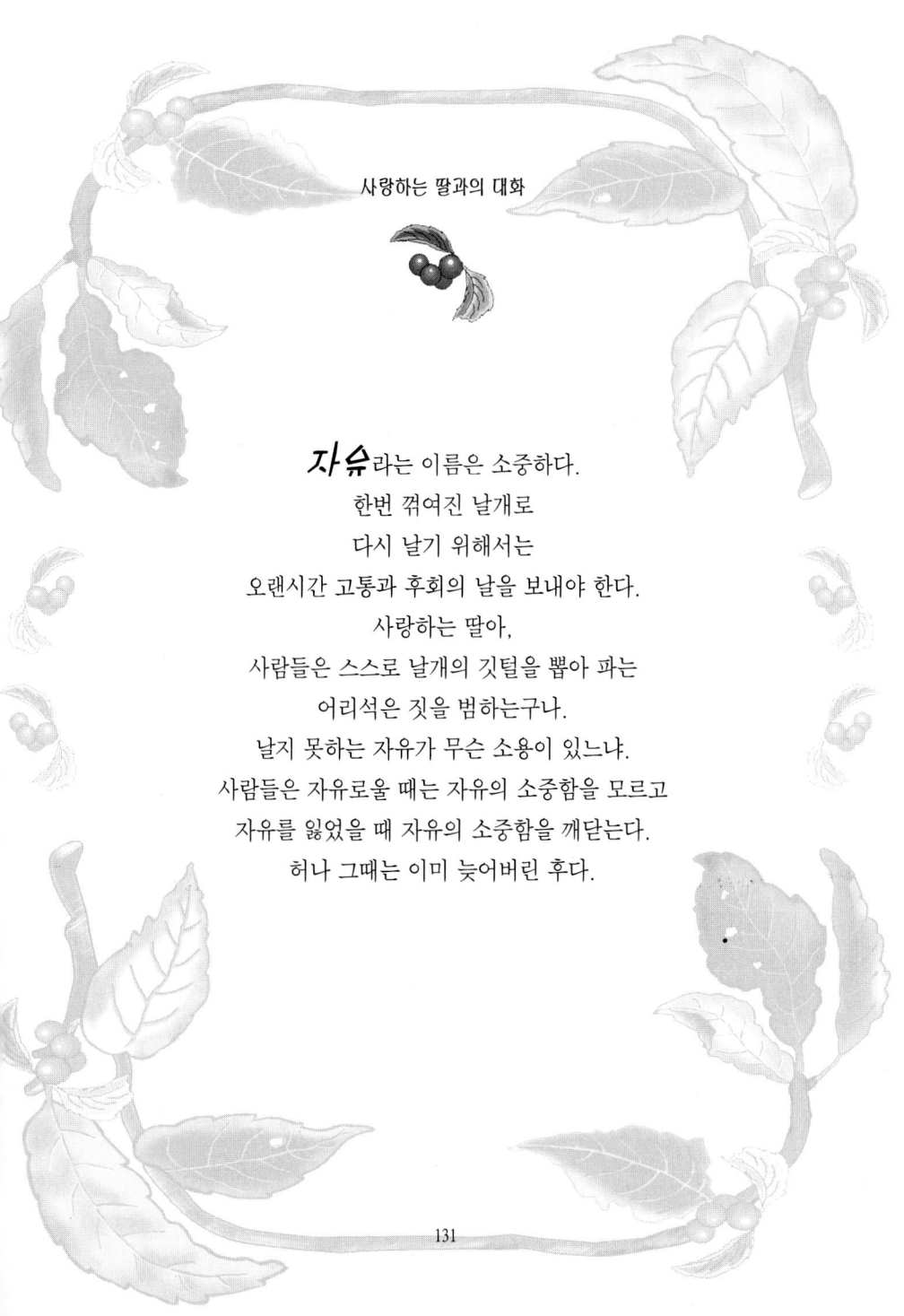

사랑하는 딸과의 대화

자유라는 이름은 소중하다.
한번 꺾여진 날개로
다시 날기 위해서는
오랜시간 고통과 후회의 날을 보내야 한다.
사랑하는 딸아,
사람들은 스스로 날개의 깃털을 뽑아 파는
어리석은 짓을 범하는구나.
날지 못하는 자유가 무슨 소용이 있느냐.
사람들은 자유로울 때는 자유의 소중함을 모르고
자유를 잃었을 때 자유의 소중함을 깨닫는다.
허나 그때는 이미 늦어버린 후다.

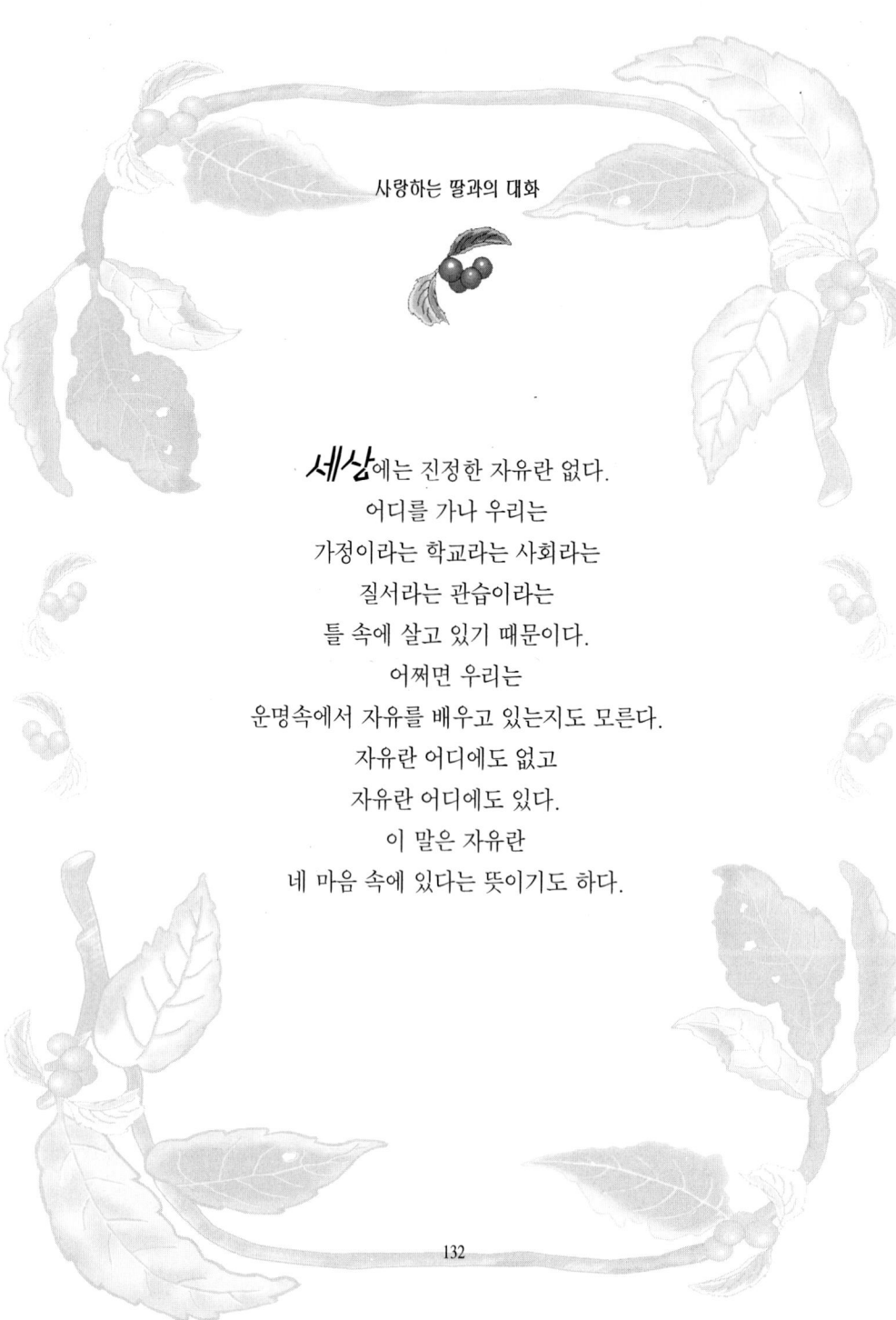

사랑하는 딸과의 대화

세상에는 진정한 자유란 없다.
어디를 가나 우리는
가정이라는 학교라는 사회라는
질서라는 관습이라는
틀 속에 살고 있기 때문이다.
어쩌면 우리는
운명속에서 자유를 배우고 있는지도 모른다.
자유란 어디에도 없고
자유란 어디에도 있다.
이 말은 자유란
네 마음 속에 있다는 뜻이기도 하다.

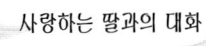

사랑하는 딸과의 대화

사랑하는 딸아,
자유와 방종은 다른 것이다.
그러나 요즘 많은 사람들은
방종을 자유인냥 생각들을 하고 있다.
아니 어쩌면
자유와 방종은 같은 뿌리의 것일 수도 있다.
다만 자유와 방종이 다른 것은
자신의 행위에 대해서 책임질 수 있느냐 없느냐일 것이다.
진정한 자유란
자신이 책임질 수 있는 한도 내에서 누리는 것이어야 한다.
책임질 수 없는 자유는
남의 자유까지 불편하게 하기 때문이다.

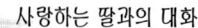

사랑하는 딸과의 대화

'자유든, 생명이든 그것을 위해 매일 노력하는
사람만이 향유할 권리가 있다'
괴테의 말이다.
생각해보면
지금 세상에는 노력하지 않고 자유를 원하거나
자유를 잃고 나서야 자유의 소중함을 깨닫는
어리석은 사람들이 많구나.
자유란 자유의 진정한 가치를 아는 사람만이 누리는 것이다.
자유의 참뜻을 알지 못하는 자유는
무질서와 방종으로 흐르기 쉽기 때문이다.
자유란 흐르는 물과 같아서
길을 따라 흐를 때는 아름답고 소중한 것이지만
길이 아닌 곳으로 흐르거나 너무 지나쳐서 넘칠 때는
홍수라는 이름으로 비난을 듣게 되는 이치와 같단다.

사랑하는 딸과의 대화

인간은 스스로 감옥을 만들고 그 속에다
스스로를 구속하고 있는 것이 아닌가.
세상에 주어진 푸른 하늘을, 향기로운 꽃들을,
사랑하는 사람을 두고 어둠 속에서 후회로 가슴치고 있지는
않은가. 자유속에 있다고 한들 그것이 자유인가.
윤리니, 도덕이니, 관습이니, 전통이니, 역사니
하는 속에서 고삐에 묶인 소처럼 그렇게 살아가는 것이 아닌가.
조병화 시인의 글에 나오는 말이다
자유란 눈에 보이는 족쇄에 스스로를 묶는
어리석음을 범하지 않아야 할 일이지만
눈에 보이지 않으면서 스스로를 묶는
마음 속 굴레에서부터 벗어나야 하리라.
쫓기듯 길을 가는 사람도
할 일 없이 공원에 무료히 앉아 있는 사람도
모두 자유와 거리가 먼 사람들이다.
자유란 보이는 것도 보이지 않는 것도 아니며
자유란 보이는 것일 수도 보이지 않는 것일 수도 있다.

"**너는** 뭘 그리 꾸물꾸물 생각만 하고 있느냐,
사색하는 놈들은 창밖에 새파란 목초가 있는
것도 모르고 어두컴컴한 방 구석에는 시든
목초를 씹고 있는 어리석은 양과 같은 놈들이다.
자, 나가자. 창밖의 저 푸른 목초밭으로!"
괴테의 파우스트에서 메피스토펠레스가
파우스트를 유인해 나가는 장면의 대화이다.
사랑하는 딸아,
네가 세상을 살아가노라면
때로 메피스토펠레스의 유혹의 목소리를 듣게 될 것이다.
유혹이란 언제나 달콤해서 가슴을 들뜨게 한단다.
그래서 젊은이들은 곧잘 탈출을 꿈꾸고
빗나간 길 위에서 방황하게 된단다.
그러나 고삐 풀린 망아지의 자유도 있지만
석양에 집으로 돌아오는 생명들의 평화도 자유임을 기억해라.

사랑하는 딸과의 대화

사람들은 자유를 멀리서만 찾으려고 하는구나.
그래서 자신이 몸담고 살고있는 곳을 벗어나
다른 삶 다른 세계로 나아갈 수 있기를 원하는구나.
그러나 곧 그것은 한순간 새로운 만남일뿐
끝내 정해진 일상에서 벗어날 수 없는 운명임을
알게 되리라.
특히 감옥에 갇힌 사람은 담장 밖에 자유가 있고
담장 안은 자유가 없다고 단정해버리는구나.
그래서 다시 돌아오지 않는 시간을 절망과 슬픔으로
무너뜨리는구나.
사랑하는 딸아,
담장이 있다고 창살이 있다고 자유가 없다고
생각하는 것은 어리석은 일이다.
눈에 보이는, 귀에 들리는 자유는 흔들리는 잎사귀
몇개에 지나지 않는다.
발 아래 침묵하는 땅과 머리 위 끝없는 하늘을 볼 일이다.
너는 자유속에 존재함을 알게 되리라.

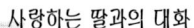

사랑하는 딸과의 대화

한번쯤 어디론가 훌쩍 떠나고 싶다는 생각을
해본 적이 있을 것이다.
끝없이 이어지는 삶의 권태로움으로 인해
하루하루가 회색빛으로 보여질 누구나 탈출을 꿈꾸게 된다.
사랑하는 딸아,
망설이지 말거라. 떠나거라.
가능한 목적지를 정하지 말고 누구에게도
알리지 말고 떠나기 바란다.
여행은 계획이 있어야 한다지만 그것은 참다운 자유가 아니다.
발길 닿는대로, 마음 끌리는대로 떠났다가 돌아오거라.
돌아오기 싫으면 얼마간쯤 있어도 좋다.
삶이란 때로 남에게 피해가 되지 않는 한에서
정해진 길에서 벗어날 필요가 있다.
그것이 너의 삶을 더욱 성숙시키고 활기차게 하기 때문이다.

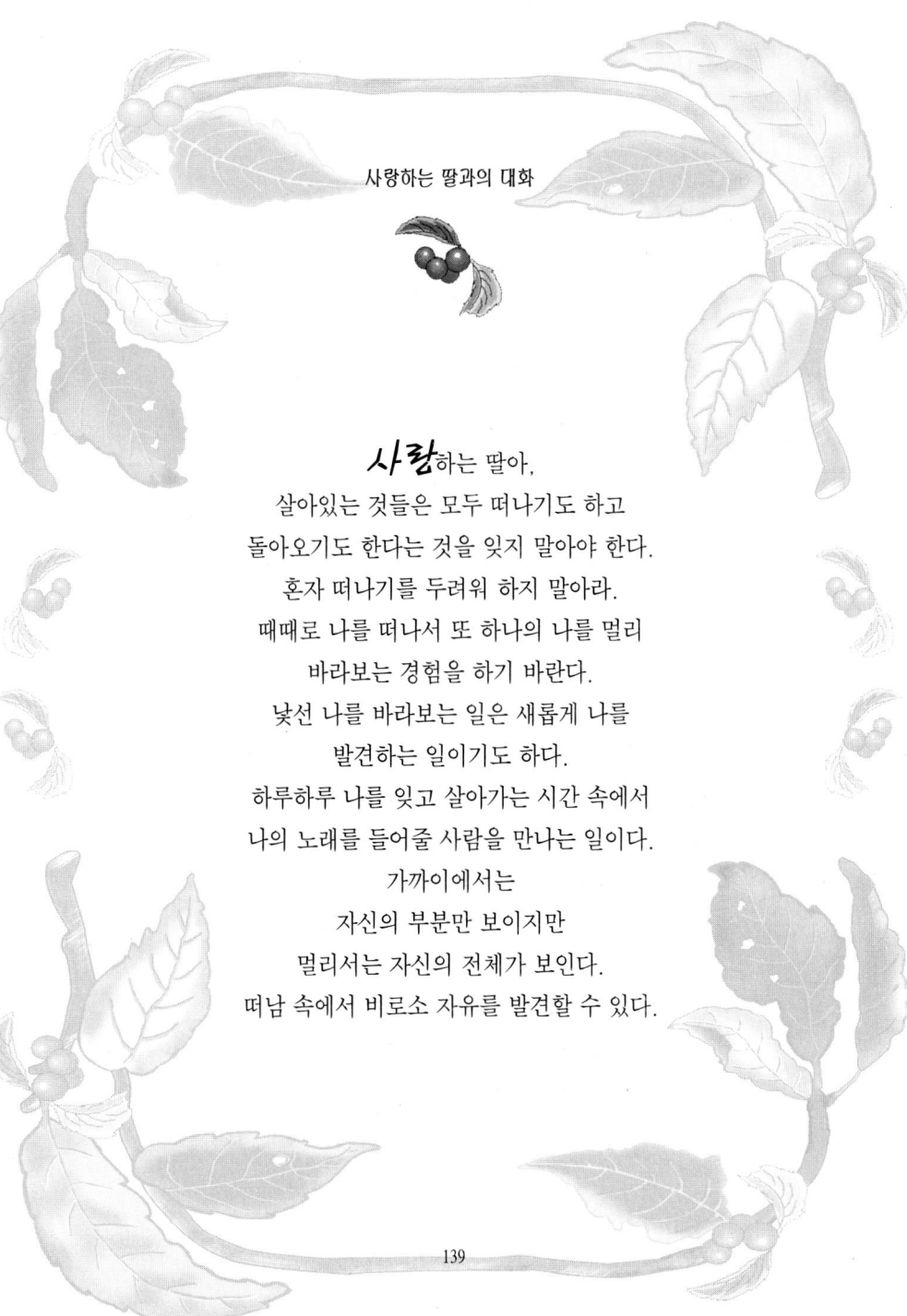

사랑하는 딸과의 대화

사랑하는 딸아,
살아있는 것들은 모두 떠나기도 하고
돌아오기도 한다는 것을 잊지 말아야 한다.
혼자 떠나기를 두려워 하지 말아라.
때때로 나를 떠나서 또 하나의 나를 멀리
바라보는 경험을 하기 바란다.
낯선 나를 바라보는 일은 새롭게 나를
발견하는 일이기도 하다.
하루하루 나를 잊고 살아가는 시간 속에서
나의 노래를 들어줄 사람을 만나는 일이다.
가까이에서는
자신의 부분만 보이지만
멀리서는 자신의 전체가 보인다.
떠남 속에서 비로소 자유를 발견할 수 있다.

사랑하는 딸과의 대화

어느 시인의 시에 이런 구절이 있다.
'…… 일어나 멀리 날 때 너는 너인 것이다.
기어코 너 자신이 되는 것
그것이 너인 것이다.'
사랑하는 딸아,
너 자신이 된다는 것은 남의 계획에 의해서가 아니라
스스로의 의지나 결단으로 삶을 산다는 것이다.
그럴때야 말로 하루하루를 살아진다고 말하지 않고
살아간다고 말할 수 있다.
자유란. 흔들리지 않는 삶을 의미한다.
어떤 목표없이 마음 내키는대로 삶을 사는 사람을
자유롭다고 생각하는지 모르지만
그것은 자유를 잃은 사람의 삶일 뿐이다.
흔들리는 것은 쉬 쓰러지고 만다.
튼튼한 두 발로 지상을 박차고 높이 날아 오를 때
그리하여 비로소 자신이 가야할 길을 멀리 뚜렷이 볼 때
'나는 자유롭다'라고 말할 수 있다.

사랑하는 딸과의 대화

'**고칠** 수 없는 일을 받아들일 수 있는 편안한
마음을 주시옵소서.
변경할 수 있는 것을 고칠 수 있는 용기를 주옵소서.
이 둘 사이의 차이를 헤아릴 수 있는 지혜를 주시옵소서.'
신학자인 라인홀드 니이버 목사의 기도문이다.
사랑하는 딸아,
자유란 질서를 거역해서 얻는 것도 아니고
억압에 순종해서 얻어지는 것도 아니다.
상대의 자유를 존중해주고 자신의 자유로 인해서
상대의 자유가 침해받지 않아야 참된 자유라 할 수 있다.
사람은 누구나 자기가 얻은 습관과 방법을 고치기 싫어한다.
그리고 자기 혼자의 자유로움만으로
세상 전부가 자유로울 것이라고 생각한다.
인류의 역사속에는 한 사람의 용기가
세계에 새로운 변화를 가져온 예가 많이 있다.
한 사람 한 사람의 참된 자유가 모여서
넘치도록 행복한 세상을 만드는 것이다.

사랑하는 딸과의 대화

자유로워진다는 것은 단순히 하고 싶은 것을 마음대로
한다거나 가고 싶은 곳을 마음대로 간다는 의미와는 다르다.
자유란 외적인 환경보다 내적인 변화로부터 시작하기 때문이다.
아무리 자유로운 상태에 있다고 한들
스스로 마음 속 속박에서 벗어나지 못하는 삶이 얼마나 많으냐.
머물러 있어도 마음 속에 자유로움이 있다면
새처럼 훨훨 나는 기쁨을 누릴 수 있지만
마음 속에 자유움을 갖고 있지 못한 사람은
어디를 가든 두려움에 쫓기듯 살 수 밖에 없단다.
사랑하는 딸아,
공부를 하고 시험을 치고 결과에 가슴 졸이는 일들을
고통이라고 생각하지 마라. 그것들은 네가 삶을 살아가는 데
있어 필요한 과정임을 기쁘게 받아들여야 한다.
누군들 그와 같은 과정을 거치지 않았겠느냐,
그러나 어떻게 받아들였냐에 따라서
삶의 이야기는 만족스럽게 혹은 후회스럽게 기록되어진다.

사랑하는 딸과의 대화

……아름다운 견해를 터득하려 한다면 남에게 끄달리지
않기만 하면 된다. 안에서나 바깥에서나 마주치는대로
죽여라 ……죽여야만 비로소 해탈하여 사물에
구애되지 않고 투철히 벗어나 자유자재 해진다.
임제록에 나오는 말이다.
네가 이 말의 뜻을 잘 이해할 수 있을지 모르겠다.
내용 중간에 ……로 건너 뛴 것은 내용이 너무 사실적이고
활자대로 이해한다면 잘못을 범할 수 있기 때문이다.
죽이라는 것은 생명있는 것들을 죽이라는 말이 아니다.
생명있는 것을 죽이는 일은 육체의 자유까지 구속시킬 수 있다.
죽이라는 말은 너를 구속시키는 옳지 못한 생각이나
관습을, 자유를 묶는 두려움을 깨트려 버리라는 뜻이다.
해탈한다는 것은 속박에서 벗어나 근심이 없는 편안한 심경을
말하며 완전한 자유를 말하는 것이기도 하다.
설사 해탈의 경지에 도달하지 못한다 하더라도
자유로움을 향하여 끊임없이 스스로를 묶는 족쇄를 부수는
일이야말로 자신을 높게 성장시키는 일이다.

사랑하는 딸과의 대화

인간은 '나는 누구인가' 로부터 출발하고
자신의 날개를 한번 퍼덕이는 것으로 삶을 시작한다.
자유란 스스로의 생각으로부터 시작되기 때문에
자신이 자유롭다고 느낄 때가 자유롭고
자유롭지 못하다고 느낄 때 자유롭지 못한 것이다.
사람들은 자유가 남이 주는 것이라고 생각하고
자유롭지 못함을 남에 의해서라고 착각하며 살고 있다.
자유와 구속은 분명 남에 의해서가 아니라
스스로의 생각과 판단에 의해서 이루어지는 것이다.
사랑하는 딸아,
네가 구하는 것이 있다면
그것을 너의 마음 속에서 발견하고 얻도록 노력해라.
자유란 구하는 자에게 주어지는 것이며
자유를 체념하며 사는 사람에게는
주어진 삶도 갇힘 속에서 살게 된다.

사랑하는 딸과의 대화

조선일보 96년 10월 28일자 「색연필」란에 '도축장에서
젖소가 탈출해서 1시간동안 서울 송파대로를 질주하는
소동이 빚어졌다.' 라는 기사가 있었다.
인간들은 억압에 길들여지면 이내 날개를 접고
순종해 버리고 만다.
사람들에게 길들여저 줄기차게 봉사만을 해왔던
젖소지만 가슴속에 자유를 버리지 않았기에 죽음의
순간에 탈출을 결행하지 않았겠느냐.
아빠는 이 신문기사를 읽고 안타까움과 가슴 뭉클한
감동을 함께 느꼈다.
짐승인 젖소도 자유를 갈망하는데 인간이 자유를
포기 한다는 것은 짐승보다 못하다 할 수 밖에 없다.
우리는 소나 돼지 같은 짐승들의 고기를 먹으면서
그들의 자유는 안중에도 없고 자신의 자유마저
무심히 잊고 사는구나.
이제 젖소는 목숨을 다했겠지만 자유를 포기하지 않는
죽음은 죽음마저도 아름답게 느껴지는구나.

사랑하는 딸과의 대화

더 멀리 떠나면 자유로울까.
더 높이 오르면 자유로울까.
사람들은 새로운 미지의 세계를 향해서
길을 떠나고 산을 오르는구나.
사랑하는 딸아,
인간은 정해진 길이든 정해진 길이 아니든
이 세상 속에서 자유를 찾을 수밖에 없다.
그래서 젊은이들은 다투어 배낭을 꾸리고
더 넓은 세상을 경험하라 권하는구나.
자유란 지식과 경험 속에서 발견하는 것이다.
알지 못했던 학문을 책에서 배우는 기쁨,
알지 못했던 세계를 여행에서 만나는 기쁨,
네가 배우고 체험하는 시간들은 조금씩 조금씩
너 자신의 날개를 키우는 일이다.
네가 지금 열심히 노력하지 않으면 집오리처럼 거위처럼
날으는 새들을 부러워하기만 할 뿐
영원히 날지 못하게 되리라.

사랑하는 딸과의 대화

나무는 늘 만나는 바람을 통해서 세상의 소리를 듣는구나.
먼 세상으로의 자유, 나무는 바람의 자유가 부러웠구나.
그러나 각자에게 주어진 자유가 때로 조금씩
때로 많이 다르다는 사실을 알지 못했구나.
남의 자유가 내 자유가 될 수 없듯이 내 자유도
남의 자유가 되지 못한다.
바람의 자유를 꿈꾸던 나무는 어느 날 나무꾼에 베어졌다.
'아, 이제 나는 자유롭게 되는구나.
'발을 묶던 땅과도 안녕이로구나.'
라는 생각이 끝나기도 전에 나무는 뜨거운 불 속에 던져졌다.
나무는 한 가닥 연기로 바람을 만났다.
비로소 나무는 그가 꿈꾸던 자유가
바람이 되지 못한다는 것을 알았다.

사랑하는 딸과의 대화

*세상*에는 너 자신의 것이 있고
다른 사람에게 속한 것이 있다.
너 자신의 것에 대해서 너는 자유로울 수 있다.
너 자신의 자유 속에서 너는 꿈꿀 수 있고 노래할 수 있다.
그러나 다른 사람의 것을 너 자신의 것으로 만들려고
한다면 서로의 자유는 불편하게 마련이다.
사랑하는 딸아,
자유란 네가 그리고 싶었던
너 자신의 세상을 만드는 것이다.
우리가 삶을 살면서 자유롭지 못한 것은
자신의 시간이 남의 시간보다 짧다고 생각하고
자신의 꿈이 아닌 남의 꿈을 부러워하고
자신의 행복이 남의 행복보다 작다고 생각하는 데 있다.
각자 누리는 행복의 모양이 조금씩 다른 것은
작자 누리는 자유의 크기가 조금씩 다른 것은
어떻게 자신의 자유를 가치있게 사용하느냐의 결과라 할 수 있다.

사랑하는 딸과의 대화

자슈란 참으로 중요한 것이다.
많은 사람들이 큰 자유를 위해서 개인의 자유를 기꺼이 버렸다.
우리는 그 사람들의 희생으로 더 많은 자유를 누리며 살고 있다.
그러나 요즘은 큰 자유보다 작은 자유,
즉 개인의 자유를 더욱 중요하게 여기는 듯하다.
작은 자유가 모여서 큰 자유도 가능하겠지만
큰 자유속에서 작은 자유는 의미가 있다.
주차문제, 쓰레기문제……
조금만 개인의 자유가 침해되면 얼굴을 붉히거나 분노하면서
국민 다수의 자유가 억압당하는 시대에는
침묵하거나 굴복하고 만다.
다수의 자유가 억압당하는 상황에서
개인의 진정한 자유란 존재할 수 없는 것이다.
함께 사는 세상에서 혼자의 자유만으로 살아갈 수는 없다.
때로 자신의 자유를 조금 유보하거나 양보할 때
더 큰 자유를 얻을 수가 있다.

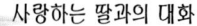

사랑하는 딸과의 대화

네가 보내고 있는 지금 시간이
가장 많이 자유를 꿈꾸는 시간이다.
누구나 자유를 꿈꾸지만
지금처럼 날개가 튼튼하고
가슴이 싱그럽고, 눈이 빛날 때
가장 자유가 목마르고 간절한 시간이다.
그래서 일상의 규칙이나 질서도
어른들의 간섭이나 염려도
자유를 구속하는 장애물로 생각해서
적지 않은 젊은이들이 거리를 방황하거나
빗나간 길에서 지니고 있던 자유마저 잃고 슬퍼하는구나.
사랑하는 딸아,
아직은 성숙하지 않은 몸과 마음을 가졌다고
어른들은 너희들의 자유가 위험하다고 말들 하는구나.
너희들의 자유를 묶기보다는
꿈꾸는 자유가 아름다운 비상이 될 수 있도록
사랑과 관심을 가져야 할 것을.

사랑하는 딸아,
아빠는 너에게 사랑과 우정, 꿈과 이별, 자유에 관해서
이야기했다만 그것만이 세상을 사는 일이겠느냐.
살아가는 일에는 다른 많은 일들이 있다.
낮이 있으면 필시 밤이 있고
햇빛이 비치면 그 반대편에 그림자가 있기 마련이다.
다만 제가 기억해야 할 것은
어둠이라도 절망하지 않고 해를 향하는 해바라기처럼
꿈을 버리지 않고 사는 삶이다.
사랑하는 딸아,
살아가는 일에는 사랑과 미움, 우정과 배신, 꿈과 절망,
만남과 이별, 자유와 구속이라는 두 개의 모습이 있으며
결국 이 두가지가 서로 배척하지 않고
껴안을 때 평화는 이루어진다는 것을,
그것이 삶을 사는 지혜라는 것을,
가슴 깊이 새겨두기를 바란다.

아빠가

자유란 보이는 것도 보이지 않는 것도 아니며
자유란 보이는 것일 수도 보이지 않는 것일 수도 있다.
- 본문중에서

자유와 구속은 분명 남에 의해서가 아니라
스스로의 생각과 판단에 의해서 이루어지는 것이다.
네가 구하는 것이 있다면
그것을 너의 마음 속에서 발견하고 얻도록 노력해라.
– 본문중에서

우리가 이별을 슬프다 말하는 것은
젊은 시절에 서로를 다 말하지 못하고 헤어지기 때문이고
좀더 열심히 사랑하지 못하고 헤어지기 때문이다.
– 본문중에서

다행히도 당신을 만나 참으로 행복합니다.

사랑은 그 무엇으로 부터도 방해 받거나
변해서는 안되는 것...
태아적 엄마품의 사랑, 사랑을 위해선
목숨까지 던졌던 영웅들의 헌신적인 사랑.
젊은 남녀의 처음 사랑 이런 사랑이 지금 필요할 때 입니다.

희생과 헌신적인 사랑은
결국 서로를 하나로 이어줍니다.
사랑하는 연인, 벗, 동료, 가까이 하고픈 친구에게
지금 당장 선물하세요
큰 기쁨과 행복을 맞이하실겁니다.

예반 지음/신현철 옮김/126쪽/
값 4,500원

물질과 현실에 가로막
혀 큰 사랑을 보지 못하
고 낭비하는 삶에 신선
한 충격과 자극을 불어
넣어 생동감 있는 새로
운 삶으로 인도해 줄 것
입니다.

저자와의 협의
에 따라 인지
생략합니다

사랑하는 딸과의 대화

세상의 모든 아빠들이 사랑하는 딸에게 들려주고 싶은
사랑과 우정, 꿈과 이별, 자유에 관한 이야기

1쇄 인쇄일 · 1999년 3월 19일
1쇄 발행일 · 1999년 3월 25일

지은이 · 안만식
펴낸이 · 박대용
펴낸곳 · 도서출판 징검다리
표지 및 본문디자인 · 김영희

인쇄 · 계성인쇄(대표 최성근) T. 704-7014
제본 · 민중문화사(대표 안길웅) T. 336-4894
출판등록 · 1998년 4월 3일 (제10-1574호)

주소 · 121-220 서울시 마포구 합정동 426-1
전화 02) 3143-1966 · 332-3880 팩시밀리 · 02) 3143-2757
ISBN89-88246-18-7 03800

잘못 만들어진 책은 교환해 드립니다